丛 书 主 编　周建设

丛书副主编　杨斯喻　陈炳哲

社会养和

杨芷英　著

首都师范大学出版社
CAPITAL NORMAL UNIVERSITY PRESS

图书在版编目(CIP)数据

社会养和 / 杨芷英著. — 北京 : 首都师范大学出版社, 2016.8

(五开五养教育丛书 / 周建设主编)

ISBN 978-7-5656-3076-7

Ⅰ.①社… Ⅱ.①杨… Ⅲ.①和谐发展(教育)-青少年读物 Ⅳ.①G40-012

中国版本图书馆 CIP 数据核字(2016)第 182934 号

SHEHUI YANGHE

社会养和

杨芷英◎著

责任编辑 赵自然

首都师范大学出版社出版发行

地　　址 北京西三环北路 105 号

邮　　编 100048

电　　话 68418523(总编室)68982468(发行部)

网　　址 www.cnupn.com.cn

印　　刷 湘潭市风帆印务有限公司

发　　行 全国新华书店

版　　次 2016 年 8 月第 1 版

印　　次 2016 年 8 月第 1 次印刷

开　　本 710mm×1000mm　1/16

印　　张 11

字　　数 235 千

定　　价 25.00 元

总 序

清华大学　蔡曙山[①]

教育是个大众话题，因为它涉及千家万户。教育又是一个精英话题，因为总历各代教育家，皆民族之精英；而教育家论教育，乃民族精英之话题。

孔夫子不用说是世界第一的教育家。两千多年来，他的“庶富教”的思想、他的“文行忠信”的思想、他的“有教无类”的思想、他的“因材施教”的思想是中国教育的主导思想，由此形成的儒家文化是中国的主流文化。今天，孔子的教育思想已经遍播世界各地。

教育与文化紧密相联。拉丁文“文化”（cultura）一词，原来就是“修养”“培养”之意。修养取之于内，培养取之于外。一个自然人不可能自动成为文化人，一定要经过教育和培养。中国古代没有“文化”一词，相应的文化行为叫作“教化”，它更好地体现了教育与文化之间的关系。

中国与世界历史上那些灿若星辰的教育家们，他们引领着中国与世界文化发展的方向。现代教育家、北京大学校长蔡元培先生说：“要有良好的社会，必先有良好的个人，要有良好的个人，就要先有良好的教育。”“所谓健全的人格，内分四育，即（一）体育，（二）智育，（三）德育，（四）美育。学校教育注重学生健全的人格，故处处要使学生自动。”“教育是帮助被教育的人，给他们能发展自己的能力，完成他的人格，于人类文化上能尽一分子责任；不是把被教

① 蔡曙山：博士、教授、博士生导师、清华大学心理学与认知科学研究中心主任。

育的人，造成一种特别器具，给抱有他种目的人去应用的。”[①] 清华大学校长梅贻琦将蔡元培的“四育”扩展为“德智体美群”五育，他有一句世界皆知的名言：“大学者非谓有大楼之谓也，有大师之谓也。”[②] 蔡先生和梅先生确是有自己教育理念的大教育家，当年的北大清华确系教育家长校。

或曰中国今日之大学校长，已无教育家，官僚而已矣。中国教育之现状，深为国人诟病者不少；中国教育之发展，国人深为担忧。

然凡事皆有例外。首都师范大学副校长、语言学家周建设教授主编的《五开五养教育丛书》似空谷足音，令人耳目一新。周建设先生提出“大教育”之理念，即“人人受教育，人人教育人”“学生心智类型与学校层级知识合理匹配”，主张社会教育与学校教育相结合，教育贯穿人生的全部过程。为此，丛书组织一批教育专家、教育管理者、硕士博士生和学生家长，积极探索中国当代大教育的理论与实践。目前这套丛书，提出“五养”与“五开”，即“母亲养德、父亲养责、师长养范、学校养才、社会养和”；“学前开心、小学开窍、中学开智、大学开悟、青年（硕博）开创”。“五养五开”是大教育理念的展开，这些理念和理论对当前中国教育具有理论创新意义和现实指导意义。

教育本身是一个不断创新的领域，教育的话题则是一个历久而弥新的话题。21 世纪的新兴综合学科认知科学（cognitive science）包括六大支撑学科：哲学、心理学、语言学、人类学、计算机科学和神经科学。近人主张在此基础上再增加一门教育学。因为以探索人类心智奥秘和开发人类心智为目标的认知科学，无论是心智的探索还是心智的开发，都离不开教育。21 世纪更大的一个学科综合群是“聚合科技”（converging technologies），它包括纳米技术、生物技术、信息技术和认知科学，简称 NBIC。《聚合四大科技，提高人类能力》一书断言：“这些突破被用于加快技术进步速度，并可能会再一次改变我们的物种，其深远的意义可以

① http：//www. tianzhilou. com/kxl/cgzyl/2011 –08/19/content_ 1193502. htm。

② 清华终身校长梅贻琦，中国新闻周刊，2007 年 11 月 2 日。

媲美数十万代人以前人类首次使用口头语言。"[①] 这部由美国70多位一流科学家共同完成的"21世纪科学技术的纲领性文献"共分六个部分，最后一部分以"统一科学和教育"为题，断言聚合科学将从根本上改变未来的教育方式。它说："社会的未来依靠科学的持续进步，而持续的科学进步又依赖于科学教育。""近来，科学和工程教育非常支离破碎，每个部分都被限制在特定的学科之内。而在将来，通过教育体系的确立，纳米、生物、信息和认知科学所提供的统一概念将作为知识教学的基础。自然科学、工程科学、社会科学和人文科学将汇聚一起。相应的统一科学的基本概念，也将被引进到K－12、本科和研究生教育当中。聚合技术所产生的新工具也会提供高质量、随时随地的教育机会。NBIC科学和工程教育将适用于大多数学生，并且也适用于所有相关成人的继续教育。"

相信本丛书对读者会有重要启示与帮助。期盼更多的仁人志士关注教育，研究教育，成为人才培养的成功探索者和实践者。我们期望，在"大教育"和"科学教育"的新教育理念和理论指导下，中国教育回归"教养"和"教化"的本质。我们也期望，周建设先生所领导的教育研究和实践团队会有更多的成果问世，使我们无愧于有五千年优秀文化和两千五百多年优秀教育传统的中华文明。

① ［美］米黑尔·罗科、威廉·班布里奇编，《聚合四大技术力量，促进人类生存发展：纳米技术、生物技术、信息技术和认知科学》，蔡曙山、王志栋、周允程等译，北京：清华大学出版社，2010。

社会，彼此和谐生存的舞台

周建设

题记：社会养和——仁和而“亲”人，“亲”人而多助，多助而事顺，事顺而业兴。

社会养和是指每一个社会成员应当修养仁和之内心，与人和谐相处，努力建设和谐的社会环境和自然环境，促进社会和谐发展。

为什么说社会养和？因为人与社会具有不可分割的关系。人是社会的人，社会是由每一位个体的人共同组成的。社会是人的集合，也是人们相互关系的集合。人的活动创造了社会，社会反过来影响着人。对个人而言，社会是个人生存的环境，对个人的生存与发展产生重要影响。

人的性格受先天和后天两种因素影响，后天因素对性格形成起着重要的作用。塑造和培养良好的人格是个体健康成长的关键。在人生发展历程中，有许多因素会影响到人格的发展。研究表明：人格是环境与遗传交互作用的产物。在人格培养过程中，既要看到个体的生物遗传影响，更要看到社会文化的决定作用。通常在智力、气质这些与生物因素相关较大的特征上，遗传因素较为重要，而在价值观、信念、性格等方面，后天因素更重要。人既是一个生物实体，又是一个社会实体。人一出生各种环境因素的影响就开始了，且持续一生。

社会文化塑造了社会成员的人格特征，使其成员的人格结构朝着相似性方向发展。这种相似性又具有维系社会稳定的功能，从而形成社会稳定的文化形态。这种文化形态反映民族性格，构成文化传统，反过来，又塑造源源不断进入社会的新人。米德等人曾经研究了新几内亚三个民族的人格特征，结果表明：不同民族各具特色，鲜明地体现了社会文化对个体的影响力。居住在山丘地带的阿拉比修族，崇尚男女平等的生活原则，成员之间互相友爱、团结协作，没有恃强凌弱、争强好胜，呈现出一派亲和的景象。居住在河川地带的孟都古姆族，生活以狩猎为主，男女间有权力与地位之争，对孩子处罚严厉。这个民族的成员表现出攻击性强、冷酷无情、嫉妒心强、妄自尊大、争强好胜等人格特征。居住在湖泊地带的张布里族，男女角色差异明显。女性是整个社会的主体，她们每日操作劳动，掌握着经济实权，而男性则处于从属地位，其主要活动是艺术、工艺与祭祀活动，并承担孩子的养育责任。这种社会使女人表现出刚毅、支配、自主与乐观的性格，男人则有明显的自卑感。

人的社会支撑理论表明，从内部结构关系看，社会是人们相互支撑起来的运动系统。个人都是社会系统的一个支点，这个支点的特殊性在于他离不开其他个人。失去其他个人，支点就无法存在。人的存在是依存性的存在。这种依存性构成社会内部的和谐关系。因此，人之养和，就社会内部结构而论，不是想不想的问题，而是不得不的问题。社会结构中的人和，表现为人是社会关系中不可或缺的元素，表现为人必然与其他人发生关联；社会功能中的人和，表现为人们的互助功能，任何个人都离不开其他人的支持和帮助。

人的协同发展理论表明，就外部协作关系而言，个人发展离开他人是无法实现的。离开人类，与动物为伍，人就会变成低等动物。人的自身特性形成发展，依靠仿效他人行为而实现，没有他人的行为参照，就没有人的社会普遍性的形成。只有将个人融入与他人协作的群体中，才能产生新的合力，实现共同发展。个人孤立甚至离开社会，则会坠入怪圈，人在狼群中像狼就是证明。“以身观身，以家观家，以乡观乡，以邦观邦，以天下观天下。吾何以知天下然哉？以此。”先哲揭示的就是参照他人来完善自己。

社会有了内部结构和谐和外部协作和谐，还必须有和谐生存的物质基础，那就是人与自然的和谐。社会和谐离不开社会依存的自然条件，否则，人的和谐最终会受到自然环境的干扰甚至破坏，因此，建设人与自然的和谐也就是社会养和不可小视的重要内容。

个人要实现与他人的和谐生存与发展，是有社会公约的行为原则的。顺之，则人人相亲；背之，则彼此相冲。古今中外留下了丰富的和谐典范。我们可以借鉴范例，逐渐培养仁和意识，养成人和习惯，人生价值会得到更大的提升，社会因此会变得更加和谐美好。

本人在教育行业耕耘40余年，有幸从事了中学、大学，包括硕士、博士、博士后各个层级的教学工作，在大学主管教学工作10年，在美国访学一年多，调研了几乎全美代表性的学区，包括一些幼儿园，也对美国哈佛大学、斯坦福大学，英国剑桥大学、牛津大学，德国慕尼黑大学、汉堡大学等知名高校的人才培养有过深入调研，深切感悟到："人才养成"应抓住五个要点，我把它叫作"五养"，即母亲养德、父亲养责、师长养范、学校养才、社会养和；"学校养才"应抓住五个要点，我把它叫作"五开"，即学前开心、小学开窍、中学开智、大学开悟、青年（硕博）开创。

《社会养和》是"五开五养"书系之一，由本人提出核心理念和写作纲要，并多次召开专家论证会。邀请著名心理教育专家、首都师范大学心理发展中心资深主任杨芷英教授担任著作者，著作者花费了不少心血，总结梳理宝贵经验，形成比较完整的知识系统，细细品来，意味深长，对培养人们的社会和谐生存意识具有重要的启示作用。

我相信，只要深刻认识个体的和谐支撑，集体的和谐包容，社会的和谐共处，自然的和谐共生，就能够自觉修炼和气，从我做起，在实际工作和生活中严格规范自己，共同营造高度文明的和谐社会。

目　录

第一章　和谐——人类的一贯追求

对和谐之美的追求是人类的本能。——马克思

和谐是众多因素的统一，不协调因素的协调。——毕达哥拉斯

和谐即指一种融洽、协调、和睦的气氛或状态。和谐是一切美好事物的最大特征，是人类的一贯追求。和谐的思想在中国传统文化中源远流长。孔子在《论语·学而》中强调“礼之用，和为贵”，强调人与人之间的和谐；《礼记·乐记》中有“其声和以柔”，强调事物之间的和谐；而《左传》中记载的“八年之中，九合诸侯，如乐之和，无所不谐”，则重视国家之间的和谐。这些都表达了人们对于和谐的憧憬。

一、和谐是世界的本质

阴阳互补，万物相生。和谐是一切事物的存在法则，是在事态发展中的一种相对均衡、统一、协调的状态，是人与群体、阶层、集团之间关系的融和，是人与人之间的相互尊重、信任，是人与自然的和谐相处、良性互动。简言之，和谐是世界的本质。

（一）自然界因和谐而存在

日月东升西落，江河奔流入海，树木花开花落，四季转换更替，大自然有其

自身运行的规律。自然界是一个生态系统，无论是在全球还是局部区域，都是复杂的生物群落与所处的环境（包括水、大气、土、岩石等）相互依存、相互制约、相对稳定又有自组织功能的一个系统。在这个系统内，生物和环境之间、生物各个种群之间具有一定的内部调节能力，通过能量流动、物质循环和信息传递，使它们相互之间达到高度适应、协调和统一的状态。我们将这种和谐的状态称为生态平衡。生态平衡是生物维持正常生长发育、生殖繁衍的根本条件。如果生态平衡遭到破坏，自然界就会失去和谐的状态，有些生物就会濒临灭绝。比如：在自然界由动物、植物和微生物互相提供食物而形成了一种相互依存的链条关系，我们称为生物链。在生物链中，植物长出的叶和果为昆虫提供了食物，昆虫成为鸟的食物源，有了鸟，才会有鹰和蛇，有了鹰和蛇，鼠类才不会成灾……当动物的粪便和尸体回归土壤后，土壤中的微生物又会把它们分解成简单化合物，为植物提供养分，使其长出新的叶和果。就这样，生物链建立了自然界物质的健康循环，维系着物种间天然的数量平衡，使自然界因和谐而存在，万物因和谐而生长。

一部《舌尖上的中国》将中国的食文化描写到极致，也将人与自然的平衡之道弘扬到极致。在《舌尖上的中国Ⅱ·秘境》中有这样的画面：鲜醇的清蒸华子鱼和焦香的油煎华子鱼刺激着人们的味蕾、刺激着食客的食欲，然而华子鱼在丰富人们美食食谱的同时，也讲述着人与自然和谐相处的故事。

华子鱼生长在内蒙古的达里诺尔湖。这里的渔民并没有为追逐商业私利竭泽而渔。相反为了保持湖鱼的种群数量，他们约定每年冬捕不超过 30 万公斤。除此之外，渔民们为了保护华子鱼还付出了更加辛勤的劳动。在每年五月达里诺尔湖刚刚苏醒时，湖水水温只有 8 摄氏度，华子鱼要从达里诺尔湖口出发，沿河道逆流而上寻找产房产卵。为了在生态退化、水草稀少的河道中为华子鱼群提供温暖的产床，渔民们要在通向达里诺尔湖的四条河道中，在冰冷的河水里扎下竹桩，铺设2000米的羊胡草把，以增加鱼卵附着和生存的机会。在渔民的努力下，华子鱼得到了很好的保护，人类也找到了维持自然平衡的生存之道。

（二）社会因和谐而发展

和谐是一种顺其自然的平和心态，一种温暖协调的人际氛围，一种人本自主的管理机制，一种稳定均衡的发展状态。中国社会上下五千年的发展历史说明了一个真理：社会和谐则国泰民安，经济发展；而社会动荡，则诸侯割据，民不聊生。比如：东汉末年，外戚专权，宦官秉政，政治腐败，社会动荡，汉灵帝中平元年（184年）爆发黄巾起义，从此开始了近一百年的战乱时代，形成地方军阀割据、三国鼎立之势。与此相反，唐玄宗李隆基则以道家清静无为思想为宗，提倡文教，任用贤能，形成政治清明、社会稳定、经济繁荣、文化昌盛、国力富强、天下大治的“开元盛世”，使唐朝进入全盛时期，成为当时世界上最强盛的国家。

现代社会发展更是需要和谐的社会环境。众所周知，20世纪60年代爆发的“文化大革命”，造成人与人、群体与群体间的争斗与冲突，人们口诛笔伐、文攻武斗，使得社会动荡不安，家庭濒临解体，个体人性扭曲，社会经济达到崩溃的边缘。当前，我国进入改革发展的关键时期，经济体制、社会结构、利益格局、思想观念发生深刻变化。在这种空前的社会变革中，社会和谐稳定是发展之需、群众之愿、执政之责、固疆之基。

因此，要增进社会和谐，关注社会舆情，畅通沟通渠道，了解和反映不同阶层、不同群体的利益诉求、所思所想和愿望期待，消除误解，形成社会和睦的良好局面。

在美国东部有一所非常著名的学府，但这个学校有着严重的困扰。因为它紧邻一个治安极坏的贫民区，学校的玻璃经常被顽童打破，学生的车子总是被盗，学生在晚上被抢已不是新闻，女生甚至遭到强暴。“我们这么伟大的学校，怎能有那么糟糕的邻居。”董事会议愤怒地一致通过，“把那些不上路的邻居赶走！”方法很简单——以学校雄厚的财力把贫民区的土地和房屋全部买下，改为校园。于是校园变大了。但是问题不但没有解决，反而变得更严重。因为那些贫民虽然搬走，却只是向外围移动，隔着青青的草地，学校又与新贫民区交接。加上校园面积的扩大使得管理难度随之加大，于是校园治安变得更糟糕了。学校董事会请当地的警察共谋对策。一位警官说：“当我们与邻居相处不来时，最好的方法不是把邻人赶走，更不是将自己封闭，反而应该试着去了解、沟通，进而影响、教育他们。”校董们相顾了半晌，哑然失笑，他们发现身为世界最著名学府的董事，竟然忘记了教育的功能。于是，他们派研究生去贫民区调查采访，了解他们的需求；还设立了平民补习班，并辅导他们就业；更开辟部分校园为运动场，供青少年使用；捐赠教育器材给邻近的中小学……没有几年，这里的治安环境已经大为改善，而邻近的贫民区，也一步步进入了小康。

由此可见，社会因和谐而发展，群体因和谐而壮大。

（三）人因和谐而健康

和谐是一种智慧，一种胸怀，一种超脱，一种成熟。一个和谐的人是快乐的，也是健康的。

人的和谐首先表现为个体自身的各种营养元素、能量分配适当，使用得当，躯体健康。如果过多摄入某种元素，或过分使用某个器官，则会打破这种“和谐”状态，导致百病丛生。所以，中医治疗讲究平衡阴阳、协调脏腑、调和气血，即是以恢复人体的“和谐”为目的。

人的和谐其次表现为身心灵和谐。中医认为，人是一个身心灵的统一体，躯体与心理和精神密不可分。中医经典《黄帝内经》指出："喜伤心，怒伤肝，思伤脾，悲伤胃，忧伤肺，恐伤肾。"认为人的五脏六腑与人的七情六欲相互影响、相互制约，相互作用。古希腊哲学家伊壁鸠鲁也把人的幸福界定为"身体无痛苦和灵魂无纷忧"的完美结合。因此，身心健康、和谐统一一直是人类追求的目标。没有高尚的心灵，健康的身体无异于行尸走肉。没有健康的体魄，崇高的精神也无以依傍。因此，人作为一个生命有机体，其身心各要素必须相互协调、均衡发展、运转有序，才是一种健康的状态。

再次，人的和谐表现为与天地万物的和谐。人与自然界的其它生物一样，是天地的产物。老子在《道德经》中说"一生二，二生三，三生万物"，认为地球上的一切生物都是天地的产物。而人既然是天地的产物，就要与天地万物和谐相处，天人合一。老子还说："人法地，地法天，天法道，道法自然。"强调人要适应自然环境，遵循自然规律生活劳作，繁衍生息。因此，中医强调养生要"顺四时、节饮食、调情志"。认为人体内部各脏器相互为用、相互制约，与自然环境相融合，从而处于一种协调和谐的状态。

最后，人的和谐也表现为人与人、人与社会的和谐。和谐是一种包容的心态，一种大度的襟怀。如果人与人之间都能坦诚相待、互助友爱，那么和谐就会成为社会生活中一道最美的风景。

有一位单身女孩刚搬了家，她发现隔壁住了一户穷人家，一个母亲带着两个小孩子。有天晚上，那一带忽然停电了，那位女孩只好自己点起了蜡烛。没一会儿，忽然听到有人敲门。原来是隔壁邻居的小孩子，黑暗中，他闪着明亮的眼睛问："姐姐，请问你家有蜡烛吗？"女孩心想："他们家竟然穷到连蜡烛都没有吗？千万别借他们，免得被他们依赖了！"于是，她对小孩吼一声说："没有！"正当她准备关上门时，那穷小孩绽开关爱的笑容说："我就知道你家一定没有！"说完，竟从怀里拿出一根蜡烛说："妈妈和我怕你一个人住又没有蜡烛，所以带来一根送你。”此刻，女孩的内心充满了感动和自责，她心中的那盏灯也被孩子点亮了。她将那小孩子紧紧地抱在怀里，感觉与这个陌生小孩子的心贴得如此近。

二、和谐是社会发展的诉求

如前所述，社会发展与社会和谐密切相关。一方面，社会发展需要和谐的社会局面，需要人与自然和谐，人与人和谐，人的身心和谐。离开了和谐，社会发展就会成为无源之水，无本之木；另一方面，发展创造和谐，“和谐”存在于发展中，只有在发展中和谐才能实现。否则，和谐就会成为乌托邦。由此观之，和谐既是社会发展的前提，也是社会发展的目标，是国家富强、民族振兴、人民幸福的重要保证。

（一）和谐是社会经济发展的诉求

当前，我国已进入改革发展的关键时期，经济体制深刻变革，社会结构深刻变动，利益格局深刻调整，思想观念深刻变化。这种空前的社会变革，给我国改革发展带来了巨大活力，保持了社会经济的高速增长。但同时也必然带来这样那样的矛盾和问题，出现一些不和谐的音符。比如：落后的经济增长方式、较低的国民素质、日益恶化的自然环境以及不断加大的贫富差距等。这些问题的存在，严重影响了社会经济的进一步发展和社会和谐的进一步实现。因此，2004 年 9 月，党的十六届四中全会第一次明确提出了构建社会主义和谐社会的重大战略任务。2006 年 10 月，党的十六届六中全会专门研究构建社会主义和谐社会问题，做出《关于构建社会主义和谐社会若干重大问题的决定》，明确提出社会和谐是中国特色社会主义的本质属性，把和谐写入我国社会主义现代化建设的总体目标。《决定》指出构建社会主义和谐社会的总目标是实现人与自然、人与人、人与社会之间关系的和谐及构建“民主法治、公平正义、诚信友爱、充满活力、安定有序、人与自然和谐相处”的社会主义和谐社会。党的十七大报告明确指出：科学发展观的精神实质乃是追求人与自然、人与人、人与社会之间关系的和谐。党的十八大报告再次强调：社会和谐是中国特色社会主义的本质属性。要最大限度增加和谐因素，增强社会创造活力，确保人民安居乐业、社会安定有序、国家长治久安。可见，社会和谐、人际和谐、身心和谐以及人与自然和谐，是社会经济发展的诉求。没有和谐的社会环境、和谐的人际氛围以及身心和谐的人，社会经济发展就会受到阻碍，就会出现越来越多的“苏丹红”“黑心油”“毒淀粉”“镉大米”“烂果门”事件，人民群众的生命健康就会受到威胁，安定和谐的社会局面就会逐步丧失，社会经济的进一步发展也会受到影响。中国几千年的发展史证明了：凡是在社会稳定、人际和谐的社会环境中，社会经济就能够迅速发展；凡是军阀混战、社会动荡之时，社会经济就会停滞甚至倒退。因此，社会和谐可以为经济的健康发展提供社会环境、自然环境和制度保障，使社会和谐与经济发展实现良性互动，协调发展。

阿拉伯国家和以色列之间的冲突和战争绵延不息，单是大规模的战争即有5次。据不完全统计，5次中东战争共造成10余万阿拉伯人伤亡，直接经济损失达数千亿美元。阿拉伯国家从此背上了沉重的军费开支负担，债台高筑，民生凋敝，基础设施受到严重破坏。譬如第三次中东战争后，埃及的工农业生产陷于停顿，电力和原材料供应脱节，许多工厂处于停产或半停产状态。苏伊士运河被迫关闭，旅游业不景气，埃及两项重要的外汇收入化为乌有。作为战胜方的以色列，日子也并不好过。约3万以色列人在战争中伤亡，而长期的政治孤立和军事对峙，使以色列一直疲于应付，苦不堪言，严重制约了经济的发展。

持续8年的两伊战争更是一场没有赢家的战争，双方死亡人数达60多万人，受伤人数95万人，比阿、以5次战争伤亡人数的总和还高出许多倍。这场战争的直接经济损失高达9000亿美元，高额军费开支使得原本富得流油的两伊入不敷出，国库告急。

可见，稳定和谐的社会环境是社会经济发展的基础和保障。

（二）和谐是社会政治发展的诉求

社会和谐与社会政治发展具有高度的相关性。社会和谐是社会政治制度存在和运行的基础，政治制度又为社会和谐的实现提供制度支持和治理手段。没有制度支持和管理，所谓的发展民主法治、维护公平正义、倡行诚信友爱、提升创造活力、维护安定有序以及实现人与自然的和谐相处，都是纸上谈兵。不仅如此，民主法治居于和谐社会六大特征的首要位置，这充分说明，社会主义和谐社会首先应当是一个民主化和法治化的社会，民主化和法治化既是社会主义和谐社会的两大支柱，也是现代政治发展的两大目标。我国民主和法治的发展程度直接决定、制约和影响着和谐社会其它特征的实现。由此观之，社会和谐与社会政治发展息息相关，和谐既是社会政治发展的前提也是社会政治发展的诉求。

2011年9月21日上午，广东省陆丰市乌坎村400多名村民因土地问题、财务问题、选举问题对村干部不满，到陆丰市政府非正常上访，但随后发生了打警员、砸警车事件。随着事态发展，11月21日，村民再次集体上访，打出“打倒贪官”“还我耕地”等标语。数日内不断引发冲突。随后，广东省成立工作组正面应对“乌坎事件”。工作组以最大决心、最大诚意、最大努力去倾听村民心声，解决合理诉求，使事态逐渐平息。

“乌坎事件”说明，必须充分保障村民行使民主监督权利，扎实推进农村民主管理和民主政治建设。稳定来自沟通而非封锁，和谐来自民主而非压制。有调查显示，中国每年民众集体维权的“群体性事件”多达十余万起，其中强行征地与补偿不足引发的群体事件占到了六成左右。中国社科院表示，自20世纪90

年代起，中国农村的重大事件中65%为侵占土地问题。可见，在利益日益多元化、群众诉求日益复杂化的时代，社会上出现利益冲突在所难免，重要的是党政部门对此要有高度的政治意识、正确的是非判断和妥善的解决办法，以维护和谐、稳定的政治局面，促进社会民主和法制不断向前推进。

（三）和谐是社会文化发展的诉求

文化是民族的血脉，是人民的精神家园。中华民族五千年的发展历史孕育了博大精深的中华文化，为中华民族发展壮大提供了强大的精神力量，为人类文明进步做出了不可磨灭的重大贡献。著名学者季羡林先生曾经说过："和谐是中国传统文化的精髓。"文化不仅反映着一定时期社会的政治、经济状况，而且以巨大的反作用推动或阻碍经济发展和社会进步。中国传统文化倡导和谐，弘扬和谐，不仅把和谐作为艺术的、外部形式的审美追求，而且把它提升到政治理想、伦理、心理、生理乃至宇宙观的层面。中国传统文化认为，和谐的最高境界是"中和"，要达到"中和"应采取"中庸之道"。中庸不是折中主义，不是平均，而是要取得事物之间的平衡、均衡，要不偏不倚。我国传统文化追求从协调中达至和谐，重视对立的而非对抗性的融合，强调整体性。认为社会要取得和谐，必须有共同的认识，遵守共同的"礼"。所谓"礼之用，和为贵，先王之道期为美"，"礼"是取得和谐的支点。"礼"提升到政治层面，便是"法"。法治与和谐，实际上不可分离。此外，中国传统文化强调"和而不同"，即允许事物有一定的空间，保持各自的差异性，这样才能达到真正的和谐。

中国共产党历来高度重视运用先进文化引领前进方向、凝聚奋斗力量。党的十六届六中全会通过的《中共中央关于构建社会主义和谐社会若干重大问题的决定》明确指出，建设和谐文化，是构建社会主义和谐社会的重要任务。胡锦涛同志在第八次全国文代会第七次全国作代会上强调指出：繁荣社会主义先进文化，建设和谐文化，为构建社会主义和谐社会做出贡献，是现阶段我国文化工作的主题。党的十七届六中全会通过了《中共中央关于深化文化体制改革，推动社会主义文化大发展大繁荣若干重大问题的决定》，《决定》要求增强国家文化软实力，增强中华文化在世界上的感召力和影响力，推动中华文化走向世界。

和谐文化是以和谐的内涵为理论基础的文化体系，是和谐社会的重要特征，也是实现社会和谐不可或缺的力量。无论是经济社会的协调发展、人与自然的和谐相处，还是人与人的团结和睦，乃至人自身的身心和谐，都离不开和谐文化的支撑。没有和谐文化的参与，和谐社会的创造活力就会衰竭；没有和谐文化的支持，和谐社会的道德基础就会动摇；没有和谐文化的作用，和谐社会的存在与发展就会缺少精神支柱。可见，和谐文化是和谐社会的思想灵魂和精神实质，是社会和谐的文化升华。没有和谐文化，就没有社会和谐的思想根基，也不可能有建设和谐社会的实践追求。

社会主义和谐文化源于优秀的中国传统文化。优秀传统文化作为中华民族智慧的源泉，既是我们民族赖以生存和发展的根基和血脉，也是我们建设社会主义和谐文化的宝贵资源，是历史发展的内在思想动力。和谐文化以崇尚和谐、追求和谐为价值取向，融思想观念、思维方式、行为规范、社会风尚为一体，反映着人们对和谐社会的总体认识、基本理念和理想追求。建设和谐文化，就是要培育和谐精神，倡导和谐理念，在全社会形成共同的理想信念和道德规范，不断增强中华民族的凝聚力、向心力、亲和力，为构建和谐社会创造良好的人文环境和文化生态。

综上所述，在构建社会主义和谐社会过程中，和谐是文化建设的目标，包容是文化繁荣的要求，创新是文化发展的源泉。创造和谐文化是文化发展的方向，是和谐社会的思想根基，可以维系、浸润、引导和推动和谐社会的建设。通过和谐文化的创造，有利于倡导包容、歌颂和谐、弘扬创新，为和谐社会建设提供精神导向。

春晚是文化的盛宴，精神的大餐，是各种艺术形式的交融，各种文艺创作的荟萃。虽然观众对春晚褒贬不一，但春晚的确早已走进千家万户，成为陪伴人们迎新春、过大年的不二选择。以龙年春晚的创作为例，龙年春晚在和谐、包容和创新上下足了功夫，为全国人民呈现了一幅和谐的画卷。

首先，龙年春晚的主题是“回家过大年”，整场晚会为我们营造了一个温馨、祥和、欢乐的过年气氛，凸显了“和谐”的主题。一是晚会采用大聚会形式的会场设计，将舞台与看台有机结合，将演员与观众融为一体，突出了“家”的感觉，增添家人团聚的气氛。二是主持人的主持风格更加亲民、亲和，多了与观众的交流与调侃，少了一板一眼的报幕和官腔，呈现出家人般的亲热感。三是晚会的歌舞契合了“回家过大年”这一主题，呈现出一种家庭和睦、其乐融融的祥和气氛。从开头五岁男孩念着童谣引出的开场歌舞，若干对明星夫妻的热力开场，到宋祖英的《叫一声爸妈》、蒋大为的《思乡曲》、孙楠的《把幸福给你》、“草根”歌手朱之文的《我要回家》以及结束歌曲《天下一家》等，都使观众陶醉在浓浓的亲情和家的氛围中，感受到“天下一家”的大爱和温情。

其次，龙年春晚充满新意。美轮美奂的舞美设计在歌手萨顶顶的《万物生》中得到了完美展现。舞台通过LED屏幕构造出来冰川场景，让现场观众感觉整个舞台都在舞动，感受到舞美的魅力；创意节目《除夕的传说》结合时下流行的投影和动画技术，从小孩子听故事的角度出发，全新演绎了关于“年（除夕）”的一个悠久传说，令人耳目一新。

再次，融合与“混搭”是龙年春晚的一大创意。比如，全场第一个养眼高潮：王力宏和李云迪两大偶像型才子“斗琴”。两架钢琴，两身喜庆的红，两位不同领域的帅哥，两人同奏一曲《金蛇狂舞》，不仅奏出了节日的喜气洋洋，也奏出了不同的节目创意。群口相声《小合唱》则是曲艺和音乐的“跨界混搭”，相声演员和歌唱演员将音乐与幽默相融合、相统一，进行了完美的演绎，使得相声和歌曲变得生动丰富起来，体现了文化的包容性、融合性与创造性。

可见，和谐文化具有强大的整合功能和凝聚功能，可以整合各种文化形式，凝聚多种精神力量，彰显中华文化的精髓，创造中华文化的辉煌。

三、和谐是美之根本

冰心先生在她的诗集《繁星·春水》中写道：“美的真谛应该是和谐。这种和谐体现在人身上，就造就了人的美；表现在物上，就造就了物的美；融会在环境中，就造就了环境的美。”可见，“美在和谐”，美存在于世界万物之中：美体现在春之蓬勃、夏之热烈、秋之灿烂、冬之静谧；美存在于儿童的天真烂漫、少年的青春飞扬、中年的成熟厚重、老年的气定神怡；美展现为天之蓝、云之语、海之韵、林之阔；美也蕴含在家庭和睦、社会安定、世界和平之中。所有和谐的事物都是美好的，和谐是美之根本。

（一）和谐是美学的重要范畴

和谐是一个古老而至今依然熠熠生辉的美学命题。在历史的长河中，人类一直在发现美、思考美、欣赏美、创造美。纵观美学的发展，无论是东方还是西方，无论是古代还是现代，美学思想的一条主线就是和谐，和谐自古至今都是美学的重要范畴。

中国古代诸子百家的美学思想多种多样。其中，以孔子为代表的儒家美学思想、以庄子为代表的道家美学思想以及佛教禅宗美学思想，是贯穿整个中国美学史的三条主线。他们是中国美学的精神和灵魂。在这三者中，儒家美学思想强调的是个人与他人、个人与集体、个人与社会的统一，倡导一种积极向上、符合伦理观念的人生和美学的理想，主张的是人融入社会的和谐美感。道家则偏重人与自然的统一，注重感性、自由，以逍遥齐物、远害全生为人生和美学追求，通过身与物化、弱化人与外物的界限而肯定个体的自然生命价值。禅宗则主张通过内心的包容，反省自身来消除人与自然、人与社会的对立，消除真与善、美与丑的差别，追求心灵之美。由此观之，儒家与道家追求的是性质不同的外向和谐，禅宗则追求空灵、寂静的内在和谐，三者缺一不可，外在与内在的和谐，共同铸造了以和谐为特色又偏于表现、写意的中国古典美学思想体系。

在中国当代美学界，著名美学家、文艺学家周来祥先生认为，和谐乃宇宙、人间之大法。他创造了和谐美学学派，构建了以“美是和谐自由”为核心的美学理论体系。他指出：“美是和谐，是主体与客体、人与自然、人与社会、人与自身、感性与理性、实践活动的合目的性与客观世界的合规律性的和谐统一。”[①] 强调美就是人与他人之间、人与物之间、人与自然之间、人与社会之间以及人身心之间的和谐，是各个领域的多样性的统一。

西方古典美学也将和谐与自由作为美的追求。古希腊强调美是数的和谐、理念的和谐；狄德罗认为美是关系的和谐；德国古典美学家康德从哲学方面阐述了美的规定，认为美是对象和主体、人与自然、感性形式和理性内容、想象力和理解力的和谐统一。黑格尔认为，美带有令人解放的性质，“无论是就美的客观存在，还是就主观欣赏来说，美的概念都带有这种自由和无限”。[②] 这种自由和无限的美，是美的新的层次和高度。马克思认为，人在实践活动中，既有依赖于自然的必要性，又有按照人的目的认识世界和改造世界的必要性，最终达到了人与自然的更高层次的和谐统一，也就是客观规律性与人的目的性和谐统一的规律，即美的规律。可见，美学追求的审美理想是和谐与自由。

---

① 周来祥：《三论美是和谐》，济南：山东大学出版社，2007，第47页。

② 黑格尔：《美学》第一卷，北京：商务印书馆，1979，第148页。

（二）和谐是各种美学元素的集合

美学元素是多种多样的，具体来说有现实美、虚幻美、体育美、音乐美等。但是，无论是现实美还是虚幻美，是体育美还是音乐美，追求和谐之美是美学最根本、最终极的追求。古人信奉阴阳，《道德经》中说："万物负阴而抱阳，冲气以为和。"阴阳是一种对立统一，却在组合中油然产生了和谐之美。京剧艺术中的唱念做打、手眼身法步，彼此之间各有讲究，存在差异。但是，一名优秀的演员，却可以将这些复杂的元素有机地统一在唱腔和肢体语言中，达到完美的呈现，给人一种和谐和美的享受。

美学是现实美的集合。在现实世界中，蓝天白云、青山绿水向我们展示的是大自然的生态之美；鳞次栉比的摩天大厦、流光溢彩的霓虹闪烁向我们展示的是现代都市的华丽之美；而模特们婀娜的体态、完美的线条向我们展示的是人体的健康之美；道德模范们则向我们展示了人类的心灵之美。这些美就存在于现实生活中，就在我们身边。我们每个人都可以成为美的发现者和创造者。正如罗兰所说：生活中并不缺少美，缺少的是善于发现美的眼睛。

美学是虚幻美的集合。我们在享受着现实美的同时，也在享受着虚幻之美。海市蜃楼之所以令人神往，就在于它的虚无缥缈，若隐若现；水中月、镜中花之所以韵味十足，就在于它的虚幻和含蓄；魔术之所以神奇，就在于它游走于现实和虚幻之间，带给人无限的感叹和遐想。这些令人憧憬、幻想的美丽就是虚幻之美。

美学是体育美的集合。在篮球比赛中，运动员所运用的跑、跳、传球、扣篮、躲闪、防守等技巧，体现了运动员的速度、力量、灵活、准确的完美统一以及队友之间的默契与配合。同样，我们在欣赏武术表演时，运动员那动静疾徐，刚柔虚实的完美组合，让我们领略到武术的勇猛、气势、彪悍以及它的轻快、优美、矫健。这就是体育之美，刚柔并济、张弛有致。

美学是音乐美的集合。音乐是听觉的艺术，是由节奏、旋律、和声、速度、力度、音色、曲式等音乐诸要素相互参与、相互融合而成的。一首优美的歌曲，由无数小节和音符构成；一个华美的乐章，由各种乐器共同奏响。不同的音符和乐器，却能彼此相得益彰，共同演绎出荡气回肠的乐章。正可谓琴瑟和鸣，黄钟大吕。音乐的和谐之美，令人震撼。无论是贝多芬的《英雄交响曲》《命运交响曲》中所表现出的气势磅礴、不屈不挠、向命运抗争的意志之美，还是《献给爱丽丝》清新流畅的旋律中表现的少女的青春之美，以及墨西哥作曲家罗萨斯的《乘风破浪圆舞曲》中表现的浪花飞溅、海鸥飞翔、大海波澜壮阔的自然之美，音乐带来的动听的旋律，悦耳的和声，起伏的节奏等都是音乐和谐美的极致，让人感受到一种发自心底的愉悦和享受。

（三）和谐是美的源泉

和谐是美的源泉，和谐创造了美。无论是自然之美还是社会之美，容貌之美还是人性之美，它们都美在和谐，统一于和谐。

和谐创造了自然之美。大自然的美丽，体现在和谐与平衡。据科学研究发现，大自然中的每一片树叶，都有自己的姿态，尽管叶子的形态随种而异，可是从植物茎的顶端向下看，观察到上下层中相邻的两片叶子之间约成137. 5°角，都符合0. 168的黄金比例，这是大自然特有的美丽和神奇。在大自然中，还存在美妙的四季，它们交替出现，将大自然装扮得美轮美奂，生机无限。春天是绿色的，鲜绿的麦田，嫩绿的柳芽，展示出春天的勃勃生机；夏天是红色的，火红的太阳，红艳艳的杜鹃，展示出夏日的火热激情；秋天是黄色的，金黄的麦浪，橙黄的银杏，展示出秋日的累累硕果；冬天是白色的，晶莹的雪花、俏皮的雪人，展示出冬日的纯情恬静。大自然的四季，如一幅色彩斑斓的画卷，构成了大自然多姿多彩、美丽和谐的诗篇。

和谐创造了社会之美。马克思说：“人的本质并不是单个人所固有的抽象物，在其现实性上，它是一切社会关系的总和。”人存在于这个世界上，总是要和他人发生这样或那样的联系。如果人与人之间能够和谐相处，如夫妻相爱、婆媳相亲、朋友相助、邻里相融，则这样的群体必将其乐融融，这样的社会必将和谐兴旺，充满了友爱和美感。

清朝时，在安徽桐城有一个著名的家族，父子两代为相，权势显赫，这就是张家张英、张廷玉父子。清康熙年间，张英在朝廷当文华殿大学士、礼部尚书。老家桐城的老宅与吴家为邻，两家府邸之间有个空地，供双方来往交通使用。后来邻居吴家建房，要占用这个通道，张家不同意，双方将官司打到县衙门。县官考虑纠纷双方都是官位显赫的名门望族，不敢轻易了断。在这期间，张家人写了一封信，给在北京当大官的张英，要求张英出面，干涉此事。张英收到信件后，认为应该谦让邻里，给家里回信中写了四句话：“千里来书只为墙，让他三尺又何妨？万里长城今犹在，不见当年秦始皇。”家人阅罢，明白其中意思，主动让出三尺空地。吴家见状，深受感动，也主动让出三尺房基地，这样就形成了一个6尺的巷子。两家礼让之举和张家不仗势压人的做法传为美谈。

“六尺巷”的故事说明了社会之美在于社会成员的和睦相处，彼此关爱。只有人们之间的矛盾化解了，情绪理顺了，才有个人的快乐和幸福，才有社会的和谐与发展。因此，和谐是幸福的来源、美丽的归宿，是社会之美的终极追求。

和谐创造了容貌之美。古人用“闭月羞花”“沉鱼落雁”形容女人的美貌，用“回眸一笑百媚生，六宫粉黛无颜色”形容女性的风韵。其实，容貌之美不仅美在五官的精致，还美在内在的气质，美在内在与外在的和谐与统一。由此观之，柳眉凤眼、樱桃小口是一种美；儿童天真无邪的笑容，青年英姿勃发的气概也是一种美；中年人从容淡定的风韵，老年人安详睿智的容颜更是一种美，有动人心魄的魅力。可见，心存善念，内心安定祥和的人，容貌也一定是美丽的。

和谐创造了人性之美。人性之美就是唤醒良知、培养善念、奉献爱心、回馈社会。人性之美，是怒放高原的并蒂雪莲——胡忠和谢晓君。他们带上了年幼的孩子奔赴藏区，用生命培育藏族孤儿的成长。人性之美，是跨越海峡的希望之翼——张平宜。她从台湾走进了大凉山的“麻风村”，用柔弱的双手创办了中华希望之翼服务协会，在大凉山建立了国内麻风村第一所正规学校，使九年制义务教育的阳光照进了大山深处的麻风村。人性之美，是托举生命的最美妈妈——吴菊萍。在 2 岁女童妞妞从 10 楼的窗台掉落之际，她毅然冲过去接住了妞妞，用自己柔弱的肩膀托举起了生命的希望。人性之美，是恪守孝道的平凡女孩——孟佩杰。这个原本应该享受童年欢笑的女孩，却早早失去了双亲，担负起照顾卧病在床的养母的重任。尽管命运给她太多的磨难，但她依然用灿烂的笑容和爱心回报这个世界。因为有了这些人性之花的点缀，社会才变得和谐，世界才变得美好！

和谐犹如一幅美不胜收的画卷，和谐好似一首动人心魄的诗篇。和谐产生美好，和谐生发力量，和谐创造价值，和谐是美的源泉！

四、和谐是对立的统一

古希腊哲学家赫拉克利特认为，和谐产生于对立的东西。的确，和谐是矛盾的消解和融合，和谐包含着斗争与妥协，包含着分与合，阴与阳，和谐是矛盾的对立统一。

（一）和谐的前提是允许矛盾对立方的存在

和谐是矛盾的统一，但它以矛盾双方的对立为前提，以差异性和多样性为基础。首先，矛盾是普遍存在的，事事有矛盾，时时有矛盾，矛盾各要素之间的对立是客观的、必然的、不以人的主观意志为转移的。只有矛盾的存在，才可能为事物之间和谐状态的产生奠定基础。其次，差异性和多样性的存在丰富了自然界和人类社会，满足了人类多样化的需求，让世界摆脱单调乏味、死气沉沉而变得多姿多彩、生机勃勃。此外，由于差异性的存在使得事物之间为争夺更多的有限资源而相互竞争，彼此取长补短，不断丰富自身力量，进而推动事物的发展，为和谐目标的实现创造条件。

中国西周末期思想家史伯对这个问题进行了深刻的剖析。他说："夫和实生物，同则不继。以他平他谓之和，故能丰长而物归之；若以同裨同，田亥，尽乃弃矣。故先王以土与金、木、水、火、杂，以成百物。是以和五味以调口，刚四支以卫体，和六律以聪耳，正七体以役心，平八索以成人，建九纪以立纯德，合十数以训百体。"（《国语·祁语》）史伯的这段话揭示了最根本的辩证法范畴是"和"，相反的范畴是"同"。即不同事物相互聚合而得其平衡，故能产生新事物。如果只是相同事物重复相加，那就不可能产生新事物。万事万物是金木水火土五行相融合而生成，多种口味是酸甜苦辣咸五种滋味相混合形成，悦人耳目的音乐是六种音律相互协调而生成，心智的成熟是由七窍相互配合而成……"声一无听，物一无文，味一无果，物一不讲。"这里，史伯从反面再次论证了他的观点：仅有一种声音谈不上动听的音乐，仅有一种颜色构不成五彩缤纷，仅有一种味道称不上美味，仅有一种东西就没法进行优劣的比较。只有允许不同事物的存在，才能有所对比，有所竞争，进而有所发展和提高，最终造就勃勃生机、欣欣向荣的局面，即史伯所说的"和实生物"。如果缺乏多样性的统一，便陷入单调、乏味、萧条、冷落乃至死亡的境地，世界就不能发展，国家就会灭亡。即史伯所谓"同则不继"。总之，"和"是综合多种因素，调和不同，使之相互配合、彼此协调，共同发展，进而形成各种新的事物，达到新的和谐。由此可见，和谐的前提是允许多元化，承认差异性，调和多样性，只有把握多样性的统一，才能促进人类、自然、社会的和谐发展。

在韩国的各个城市小商贩随处可见。但摊主们在出摊时不仅秩序井然，而且把摊位设计得美观、时尚，形成独特的"小摊文化"，更成为一道流动、亮丽的城市风景。

而在中国的大小城市，城管与小摊贩的斗争几乎天天上演，甚至贯穿了改革开放三十多年的历程。从违规占道到暴力执法，从持刀相向到相互对跪，反映了中国城市管理面临的复杂困境，折射出某些城市管理部门的智穷计短。

同是商贩管理，为什么在结果上有这么大的差异。原因就是我国的商贩管理目标是消除游商，把游商看作是城市的顽疾。而在韩国，小摊贩是一种正常的商业行为。韩国不向小摊收税，只要摊贩申请加入“小摊业主协会”，获得批准后就可以“出摊”了。此外，韩国还将小摊问题上升到影响城市形象的高度，因而摆摊设点的主管部门不是各级地方政府的工商部门，而是文化观光部门，从美化摊位设计、建设摊位文化的角度进行管理。此外，韩国政府充分认识到小摊主属于弱势群体，在允许摆摊设点的地区强化后勤服务，并允许他们成立自己的组织“全国摊店业主联合会”、设立自己的网站来保护自身利益，从而实现国家和摊贩共赢的局面。

韩国的经验或许能为我们带来一些借鉴。其实，国家、社会的发展是矛盾对立统一的结果，个体自身的发展也是体内矛盾对立统一的结果。中医认为身体出现病变的原因是因为身体原有的平衡被破坏了，打破了矛盾对立方的和谐状态。在一般情况下，个体和致病因子可以处于一种和平共处、相安无事的和谐状态。在这种状态下，个体的机体是健康的。但是，如果个体外受风、寒、暑、湿、燥、火，内受喜、怒、忧、思、悲、恐、惊的影响，即中医上讲的“六邪”和“七情”，外部环境和内部环境的异常变化，使得你身体内部的条件改变了，免疫力下降了，打破了与病灶势均力敌的平衡状态，给了致病因子在身体内发展的条件。所以说，中医讲“正气存内，邪不可干，邪之所凑，其气必虚”。就是说如果我们把身体维持在一个阴阳平衡的状态下，即“阴平阳秘”的状态，致病因子就无法使你的身体生病。因此，中医的治疗理念不是杀死病毒和细菌，而是用药物的偏性来制衡人体内引发病变的那种偏性，即“以药之偏性治人之偏性”，从而达到治疗疾病的目的。中医的治疗理念深刻说明了，和谐的前提是允许矛盾对立方的存在，而不是扼杀它。因此，承认并正视矛盾对立方的存在，有助于从根源上解决矛盾，达到均衡和谐的状态。

（二）和谐的本质是“和而不同”

和谐并非毫无原则的一团和气，也不是绝对化的纯粹统一。和谐是矛盾双方长期共存，和而不同。孔子认为“君子和而不同，小人同而不和”（《论语·子路》）。因此，和谐是在承认差异的前提下追求矛盾的解决，是在多元化的基础上追求一元的弘扬。这里所讲的和谐是包含斗争的同一，包含差别的一致；它源于差别而又融于统一，源于多元而又回归为一元。所以，和谐思维并不意味着抛弃矛盾，放弃斗争，而是通过斗争达到同一，斗争仅仅是手段，和谐才是最根本的目标。

第16任美国总统林肯，位列美国最伟大的总统排名第一位。他在担任总统期间，美国爆发内战，史称南北战争。林肯坚决反对国家分裂，他废除了叛乱各州的奴隶制度，颁布了《宅地法》《解放黑人奴隶宣言》。但南北战争之后北方有几个支持联邦政府的州却仍被林肯允许可继续保有奴隶制度。有人批判林肯对待政敌的态度：“你为什么要试图让他们成为朋友呢？你应该想办法去打击他们，消灭他们才对。”林肯总统温和地说：“我难道不是在消灭政敌吗？当我使他们成为我们的朋友时，政敌就不存在了。”林肯最终击败了南方分离势力，废除了奴隶制，维护了美利坚联邦及其领土上不分人种、人人生而平等的权利。

在建设社会主义和谐社会的历史进程中，要求我们正视矛盾的存在，正视矛盾中的对立与斗争。在经济领域，要坚持以公有制为主体，进一步鼓励多种所有制经济的存在和发展，为多种所有制经济的相互竞争创造公正平等的条件和环境，不断满足人们日益增长的物质文化需求，形成多种所有制经济共同服务于社会主义现代化建设的局面；在政治领域，要允许不同政治观点、不同声音的存在，既在观点碰撞中产生社会发展的推进力，又要努力在合理合法的范畴内解决矛盾，维护社会的安定有序；在文化领域中，要继续坚持以“百花齐放、百家争鸣”的方针为指导，在提倡多样化、差异性文化艺术的同时弘扬主旋律，建设充满活力、生动有序的文化发展格局；在国际社会中，要尊重各国的主权领土完整，尊重不同民族的文化，互不干涉内政，和平共处，合作共赢，建立求同存异、和谐大同的世界新秩序。

可见，和谐是矛盾解决的目标。矛盾的解决不是简单的消灭其中的一方，而是达到对立基础上的统一。和谐是在承认不同事物之矛盾、差异的前提下，把彼此不同的事物统一于一个相互依存的整合体中，并在不同事物整合的过程中，取其长而克其短，使之达到最佳组合状态。因此，在解决矛盾的过程中，要树立合作共赢的和谐思维，克服偏激、狭隘、自私、简单扼杀等不正确的思想观念，积极协调各方利益关系，统筹各方力量，在斗争中求和谐，在竞争中求发展，引导不和谐的因素向和谐因素转化，实现对立双方共赢的最大收益，达到事物的对立统一。

（三）和谐是量变到质变的统一

和谐作为对立的统一，是我们追求的目标，但这种目标的实现是一种动态过程，时刻处在变化之中。毛泽东在《矛盾论》中强调，事物有量变和质变两种状态，矛盾的斗争推动着事物的量变与质变，量变的积累是质变的前提，质变的发生是量变的结果，二者相互作用、相互转化促成了事物的发展，矛盾的解决。可见，和谐目标的达成，是一种具体的、历史的、持续的过程，是经过不断的量变到质变，再经过新的量变到质变的过程。这就启示我们，在解决矛盾、追求和谐的过程中，必须坚持和谐共赢的理念，科学运用量变质变规律，充分考虑到矛盾双方的力量对比，统筹各方的利益关系，进而推动矛盾双方的力量变化，通过逐步推进，逐渐发展的原则，促进矛盾斗争双方由量变的积累达到质变的飞跃，合理有效地解决矛盾，实现和谐的目标。

一位名叫德萨的卖砖商人，由于另一位对手的竞争而陷入困境。对方在他的经销区域内定期走访建筑师和承包商，告诉他们：德萨的公司不可靠，他的砖块不好，生意也面临即将歇业的境地。于是，德萨失去了几笔大的订单。这让德萨非常恼火，视对方为头号竞争对手。一个星期天的早晨，德萨听牧师布道，主题是：要施恩给那些故意为难你的人。牧师告诉大家不要冤冤相报，只有以德报怨，才能慢慢感化对手，逐渐减少敌意，最终化敌为友。他还举了很多例子来证明他的理论。当天下午，德萨遇到一位他曾经的顾客，盖办公大楼需要一批砖，而砖的型号不是德萨公司供应的，却与他的竞争对手出售的产品类似。难道要把这笔生意介绍给那位满嘴胡言的竞争者吗？一想到他对自己的所作所为，就使德萨义愤填膺。但是，他马上想到了上午牧师的忠告。德萨的内心挣扎了一段时间，最后，他终于拿起电话拨到竞争对手的家里，告诉他这笔生意的信息。当他的竞争对手拿起电话时，非常惊讶，继而难堪得一句话也说不出来。后来，这位竞争者成为了德萨的生意伙伴，经常将一些生意转给德萨来做，二人不仅在生意上互相提携，在生活中也成了好朋友。

由此可见，在解决矛盾的过程中，坚持和谐共赢的理念，不激化矛盾、不回避矛盾，善于以德报怨，化敌为友，最终必将实现和谐的目标。

第二章 塑造和谐的自己——追求身心灵的统一

健康是一种选择、一种生活方式、一个过程、一个能量的有效渠道，是身体、心理和精神的整合，是你自己对爱的接受。

——崔维斯和瑞恩

实现身、心、灵的和谐一直是人类的追求。一个身、心、灵和谐的人，在面对欲望、名利、权力以及他人、家庭和社会时，能够通过调节感性与理性的冲突，以宁静、平和、从容的心态，达到精神愉悦与恒久幸福的圆满境界。因此，塑造和谐的自己，是达成人与人、人与社会、人与自然和谐的前提和基础。

一、做健康的自己

2011 年 10 月 5 日，一代天才“苹果教父”乔布斯因病逝世，享年 56 岁。乔布斯是发明家，也是企业家，先后领导和推出了麦金塔计算机、iMac、iPod、iPhone 等风靡全球的电子产品，深刻改变了现代通讯、娱乐乃至人们的生活方式。然而，在医疗水平不断发展的今天，当美国人的平均寿命达到 76 岁时，而乔布斯仅 56 岁就与世长辞了。乔布斯的离世既是全世界的遗憾，也再次提醒人们：身体健康是万事之本。

现代社会，人们日益认识到健康的重要性。有人说：健康是社会的第一资源，是国民的第一素质，是生产力和竞争力；还有人认为健康是人生的第一财富，是安身立命之本。更有人形象地把所有财富和名誉看作是无数个“0”，只有健康才是“1”，如果没有这个“1”，人生也只是一个“0”。其实，健康也是一种责任，要为自己、为家庭、为社会爱惜自己的健康，过健康的生活，做健康的自己。就像乔布斯一样，失去身体健康，被疾病夺去生命，就无法继续施展才华和改变世界。生命因健康而快乐，因疾病而枯萎，有了健康，才有一切。

（一）现代健康新理念

自从和丈夫离婚之后，小王的心情一直很低落，吃不好、睡不好，常觉得胸闷气短，浑身不舒服。她怀疑自己得了心脏病，去医院检查却发现身体各项指标都正常。医生建议小王去心理科做进一步检查。小王很疑惑：“我身体没有毛病，不是挺健康吗？为什么还要做检查？”医生说：“身体没有疾病不代表就是健康，你的状态看起来像是心理方面出现了一些问题，还需要进一步检查和治疗。”

的确，随着现代医学和社会的不断发展，健康的概念和标准也在不断发展与完善。健康不仅意味着躯体没有问题，而且还包含了心理健康和社会功能正常。因此，掌握健康新理念，全面理解健康的涵义与标准，才能及时调整不健康的状态，保持健康的身心。

1. 健康的含义及标准

健康的概念经历了动态发展的过程，从迷信鬼神到机械论，再发展到包含社会、心理等因素。远古时代，人们对疾病的认识有限，认为疾病是鬼神所致，人类无力抗争，生病后常求助于巫医。工业革命后进入现代社会，生产力迅速提高，人体解剖学和生理学等相继形成，人们对疾病有了进一步了解，但仅把人的身体看作一部机器，认为肉体正常工作就是健康。20 世纪初，随着医学的进一步发展、心理学的日趋成熟和社会生态学观点的提出，人们认识到疾病成因的复杂性（生物因素、遗传因素、后天获得性、心理因素等），从而逐步形成综合性发展的健康概念。1948 年，世界卫生组织在其宪章中给健康下了定义："健康不仅仅是没有疾病和衰弱的状态，而是一种在身体上、精神上和社会上的完好状态。"这个定义具有划时代的意义，将健康的指标扩展到身体、心理和社会三个方面的统一。1989 年，世界卫生组织又提出"身体健康、心理健康、道德健康、社会适应良好"四个方面的健康标准。

身体健康一般指人的生理健康，是指身体的形态、结构和功能正常，具有生活自理能力。身体健康不仅指无病，而且还包括良好的体能，后者是一种满足生活需要和有足够能量完成各种活动任务的能力。具备这种能力，就可以预防疾病，增进健康，提高生活质量。

心理健康是指具有良好的心理状态和心理调节能力。1948 年世界心理卫生联合会提出，心理健康是指身体、智力、情绪十分调和；适应环境，在人际关系中彼此能谦让；有幸福感；在工作和职业中能充分发挥自己的能力，过着有效率的生活。我国学者王登峰、张伯源根据各方面的研究结果，提出了符合中国人特点的心理健康标准为：

（1）了解自我，悦纳自我；

（2）接受他人，善与人处；

（3）热爱生活，乐于工作和学习；

（4）客观面对现实、主动适应现实；

（5）协调与控制情绪，心境良好；

（6）人格和谐完整（气质、能力、性格、理想、信念、动机、兴趣、人生观等各方面能平衡发展）；

（7）智力正常；

（8）心理行为符合年龄特征。

道德健康是指遵循社会道德规范，有正确的信仰、高尚的品德和健康的人格。道德健康是健康的重要指标，一个道德品质低下的人，不是一个健全的人，很难融入社会，成为健康的社会人。衡量道德健康的标准很多，主要包括遵守法律法规和各种道德规范，具有社会公德、家庭道德和职业美德，能够明辨是非等。

社会适应良好是指具有较强的社会适应能力，对周围事物和环境能做出客观的认识和评价，个体的观念、行为方式能够随社会环境的变化而改变，能够有效应对生活、学习、工作中的各种困难和挑战。具体包括具有较强的生活能力、劳动能力、处事能力、社交能力和自我约束力；能够迅速适应环境的变化，有效调控行为；能够承受挫折。

世界卫生组织归纳和总结人们实践的经验，于1999年提出“五快三良好”的健康标准，供人们自我评价时参考。

“五快”是指：吃得快，有食欲，不挑剔食物，并能迅速吃完；便得快，一旦有便意，能很快排便；睡得快，有睡意，上床后能迅速入睡，且睡得好，醒后头脑很快清醒，精神饱满；说得快，思维敏捷、口齿伶俐；走得快，行走自如，步履轻盈。

“三良好”是指：良好的个性和人格，情绪稳定、性格温和，意志坚定，感情丰富，胸怀坦荡，豁达乐观；良好的处世能力，观察问题客观现实，具有较好的自控能力，能适应复杂的社会环境；良好的人际关系，助人为乐，与人为善，对人际关系充满热情。

2. 亚健康的表现

20世纪80年代中期前苏联学者N·布赫曼教授首先提出，人体除健康状态和疾病状态外，还存在一种非健康、非疾病的中间状态。这一发现随后被世界许多国家学者的研究所证实，这就是所谓的“亚健康状态”。《2009中国城市健康白皮书》在对全国31个省直辖市589个城市的近百万人进行调查，发现我国亚健康人群发生率在45%至76%之间，发生年龄主要在35至60岁之间。人群分布特点为：中年知识分子、从事脑力劳动为主的白领人士、领导干部、企业家、影视明星等是亚健康状况的高发人群。调查还显示：青少年的亚健康问题令人担忧；老年人的亚健康问题复杂多变。这些都说明，亚健康离我们越来越近。

健康——亚健康——疾病——死亡是一个长期、动态的连续过程，亚健康的持续发展，可成为显性疾病。亚健康状态不仅给个人带来生理和精神上的折磨，而且给社会安定及保障系统带来巨大的负担。因此，关注亚健康状态，不仅可以提升生活质量，还可以“治未病”。

专家认为最明显的亚健康包括七个方面：

（1）心血管症状，经常感到心慌、气短、胸闷、憋气；

（2）消化系统症状，见到饭菜没有胃口，有时觉得饿，但不想吃饭；

（3）骨关节症状，经常感到腰酸背痛或者浑身不舒服；

（4）神经系统症状，经常头痛、记忆力差，全身无力，特别容易疲劳；

（5）精神心理症状，莫名其妙心烦意乱，遇小事易生气，易紧张和恐惧；

（6）睡眠症状，入睡比较困难，常做恶梦；

（7）泌尿生殖系统症状，尿频、尿急等。

关注自己的健康状况，及时觉察各种亚健康症状，可以及时治疗，把疾病消除在萌芽状态和最初阶段，以获得良好的健康状态。

（二）培养健康的生活方式

世界卫生组织研究发现有四大因素影响着个人健康和寿命，分别是：行为与生活方式占60%、生物学基础占15%、环境因素占17%、卫生服务占8%。具体来说，影响人体健康的因素可以归结为以下八个方面：①饮食结构不合理，②长期心理压力过大，③起居睡眠不规律，④缺乏运动锻炼，⑤食品卫生安全问题，⑥滥用化学药物、激素、抗生素，⑦环境污染严重，⑧各种心理因素。

以上因素中由于个人生活方式导致疾病的因素是可以控制和改变的。培养良好的生活方式，不仅会促进自身的身心健康，也会促进家人的身心健康。因此，维护身心健康，就要从培养良好的生活方式入手。

1. 选择健康生活

随着现代社会的飞速发展，社会竞争日趋激烈，生活节奏越来越快，社会诱惑不断增多，这些都会对人们的生活方式产生影响，不健康的生活方式开始形成。如：不健康的饮食习惯，不规律的生活方式，不切实际的欲求以及缺乏运动等。世界卫生组织针对严重影响人们健康的不良行为与生活方式，提出了健康需要的四大基石，认为能做到这四点，便可解决70%的健康问题。

（1）合理膳食

合理膳食包括合理的饮食结构和良好的饮食习惯两大方面。合理的饮食结构是指膳食中应该富有人体必需的营养，同时还要避免或减少摄入不利于健康的成分。《黄帝内经》指出："五谷为养、五果为助、五畜为益、五菜为充，气味合而服之，以补益精气。"良好的饮食习惯包括按时进餐、坚持吃早餐、睡前不饱食、咀嚼充分、吃饭不分心、保持良好的进食心情和气氛等。

（2）适量运动

适量运动是预防、消除疲劳和保证健康长寿的一个重要因素。过少和过量运动都不利于健康。适量运动不仅可以促进身体健康，还有助于调节心理平衡，有效消除压力，缓解抑郁和焦虑症状，改善睡眠。个人可根据自己的年龄、身体状况和环境选择适当的运动种类，如慢跑、散步、游泳、球类、瑜伽、太极拳、跳舞等。其实，选择什么样的运动形式并不重要，重要的是量力而行，循序渐进，持之以恒。

（3）规律生活

规律生活也就是养成良好的生活习惯，除了上面提到的合理膳食和适量运动之外，还包括良好的作息、卫生习惯以及学习、工作习惯。良好的作息习惯是指起居作息定时，保证充足的睡眠；良好的卫生习惯包括注意个人卫生、饮食卫生和公共卫生；良好的学习及工作习惯是指工作有张有弛，避免过度紧张和长期劳累。

(4) 心理平衡

心理平衡指具有健全的心理，即能够正确认识和悦纳自我，拥有积极和稳定的情绪，建立和谐的人际关系，具有良好的社会适应能力。要保持心理平衡，就是做到三个快乐：助人为乐、知足常乐、自得其乐；三个正确：正确对待自己、正确对待他人、正确对待社会；三个既要：既要尽心尽力奉献社会，又要尽情品味美好人生；既要在事业上有进取心，又要在生活中有平常心；既要精益求精地做好本职工作，又要多姿多彩地享受生活。

2. 远离不良习惯

不良生活习惯是健康的杀手，会严重危害人的身心健康。常见的不良习惯主要有三类：日常危害健康行为、不良生活习惯和不良疾病行为。

日常危害健康行为是指那些对身体健康有直接危害的行为，如：吸烟、酗酒、滥用药物（吸毒）、不洁性行为等。这些行为不仅会毒害人的身体，还会削弱人的意志，麻痹人的精神，摧毁人的事业，所有人都应远离这些危害健康的行为。

不良生活习惯指违反生物节律的行为，比如：在生活作息方面表现为睡眠不规律、长期熬夜、睡懒觉等；在饮食方面表现为饮食不规律、饮食不均衡等；在卫生方面表现为吮手、翻书、点钞、饭前便后不洗手，随地吐痰，不经常清洗衣物等。

不良疾病行为是指在生病之后不利于疾病恢复的行为，如：求医时隐瞒病情的行为，讳疾忌医行为，对疾病悲观绝望的行为以及求神拜佛的迷信行为等。这些行为将影响疾病的及时、有效治疗，会对身体带来不可估量的严重后果。

3. 学会养生之道

中医认为防未病重于治病，而日常注重养生之道又重于防未病。因此，学会养生之道是健康之源。养生的内容非常广泛，方法也很多，总的来说可以分为四个方面：食养、药养、气养和神养。

（1）食养

人的生命是靠能量来维持的，人体的能量主要来自食物，食物对于人们养生保健有着重要的意义。李时珍曾经说过："善食者养生，不善食者伤身。"

食养一是要注意食物的营养搭配。在日常饮食方面应遵循以下原则，一日不可无绿（绿色蔬菜、水果），一日不可无豆（豆制品），一日不可无菇（菌类），一日不可无茶。饮茶时可根据自己的体质和身体状况选用不同品种的茶叶，如绿茶、红茶以及各种养生茶等。此外，要注意饮食的"四少四多"：少盐多醋、少糖多果、少肉多菜、少药多食。

二是要根据个人体质和食物的功效来进行不同的调配。中医强调人的禀赋不同，体质各异，故调补之方向，选用之品也各不相同。根据中医理论，要辨别个体阴阳的盛衰、脏腑的虚实、气血的盈亏等情况，合理地选择与之适宜的食物，以促进身体健康。

气虚者的食养宜选用具有补气健脾作用的食物，如人参、山药、白扁豆、大枣、莲子、粳米、茯苓、马铃薯、牛肉、鸡肉等，膳食如山药炒鸡蛋、扁豆大枣粳米粥、茯苓莲子蒸糕、人参粥、马铃薯烧牛肉等。不宜食用行气破气类食物，以免更伤正气，辛烈类调味品也不宜食用，以免辛散耗气；

阳虚者的食养宜选用温补壮阳类食物，如羊肉、羊肾、鸡肉、麻雀肉、虾、韭菜、鲃鱼、胡桃仁等，膳食如炸核桃仁猪腰、砂锅牛尾、羊肾粥、胡桃粥、雀儿粥等；

阴虚者的食养宜选用滋补养阴类食物，如梨、百合、鸡蛋、牛乳、银耳、猪肉、鸭肉、鳖肉、龟肉、燕窝、枸杞、桑椹、西红柿、香蕉、蜂蜜、芝麻、松子等，膳食如冰糖炖梨、鸭肉粥、清炖龟肉、银耳燕窝羹、百合粥等；

血虚者的食养宜选用养血补血类食物，如葡萄、菠菜、胡萝卜、龙眼肉、落花生、荔枝、何首乌、大枣、猪肝、猪心、乌贼鱼、阿胶等，膳食如枣泥桂鱼、蜜饯姜枣龙眼、何首乌煨鸡、花生衣红枣汁、花生粥、阿胶粥、菠菜猪肝汤、乌贼鱼烧肉等；

气郁者的食养宜选用行气达郁的食物，如萝卜、薤白、佛手、橘子、刀豆、荞麦、豌豆、陈皮、玫瑰花、茉莉花、白梅花、砂仁等，膳食如白梅花茶、茉莉花茶、陈皮砂仁拌兔肉、萝卜汤、陈皮粥、豌豆汤等；

血瘀者的食养宜选用行气活血类食物，如山楂、桃仁、月季花、陈皮、玫瑰花、藕等，膳食如山楂红糖汤、玫瑰月季花膏、陈皮桃仁粥、炖藕汤等；

水肿者的食养宜选用健脾化痰、利水渗湿类食物，如冬瓜、赤小豆、竹笋、玉米须、薏苡仁、茯苓、海蜇、莴苣、萝卜等，膳食如萝卜汤、萝卜饼、冬瓜赤豆汤、赤豆薏苡仁粥、竹笋拌海蜇等。

（2）药养

用药养生在我国有着悠久的历史，“药王”孙思邈在《千金方》中说“药能恰神养性，以资四气”，提出过了五十岁，人身的阳气日渐衰微的观点，认为“四时勿阙补药，如此可以延年”。药物养生是传统养生中重要的一个组成部分，通过纯天然食性植物养生药剂的选配调制和适当的用药方法，可对症调理，使即将失衡的健康状况恢复平衡。

（3）气养

俗话说：“药养不如食养，食养不如气养。”中医强调的以气养生，是养生之道的一个重要方面，主要包含培养元气、安静通气、平和心气、宽胃养气和长啸舒气。像气功、太极拳、瑜伽、打坐等方法都是气养的好方法。

（4）神养

神养指精神心理、情趣爱好和道德品质等方面的调养。平心静气、乐观豁达、凝神自娱都可以带来好的心境，达到神养的目的。神养需要一个安静的环境，或独处静坐，或闭目调息，或听音乐，绘画，编织等，均可宁心养神，身心皆静。

（三）乐观面对疾病

从2010年2月15日开始，名为“复旦教师抗癌记录”的微博打动了不少网友，它记述了复旦大学女教师于娟与乳腺癌抗争的片段。在一年多同死神的搏斗中，于娟从120斤瘦到80多斤，又恢复到104斤，进行了15次化疗，无数次开刀，几次低压二十多、脉搏停止，一天两次骨髓穿刺，但这些都没有让于娟向癌症低头。于娟和她的家人乐观、坚强、淡定、决不放弃。她认为“活着就是王道”“如果不能和别人比生命的长度，那就去比生命的宽度和深度吧”！

于娟的乐观让我们佩服，她的去世也让我们惋惜。虽然人们越来越重视身体健康，但仍无法避免身体疾病的出现。医生们普遍反映：面对疾病，我们缺乏的不是技术，而是对疾病的正确态度。湖北省肿瘤医院院长、省抗癌协会理事长陈焕朝指出：其实癌症可防可治，死亡的癌症患者有三分之一是被吓死的，三分之一是用药过度病人无法耐受而死，只有三分之一才是治疗无效而死。这就提醒我们，要用乐观的心态面对疾病，当身体真的出现疾病时，应当把疾病当成朋友，科学地面对它；将医生看成凡人，积极配合医生治疗，但不要迷信和盲从医生的治疗；让自己成为专家，了解疾病的相关知识，对自己的健康负责。

1. 把疾病当成朋友

在生活中，人们往往谈“病”色变，有的人像《扁鹊见蔡桓公》中的蔡桓公一样，逃避疾病，假装自己没病，不去关注身体的不舒服；有的人过于关注疾病，一旦被检查出某种疾病，就会极端关注这个部位，并过分依赖药物治疗。其实，身体疾病有其产生的原理：人体就像是一个复杂而神奇的机器，它有着维持自身运转的智慧——当内外和谐时，功能正常，如果外界出现不良刺激（包括不良的饮食、生活习惯、环境、情绪等），身体内部就会产生适应性变化，如果外界的影响持续存在，身体的变化就会超过某个指标，从而出现疾病或者亚健康的状态。因此，我们要把疾病当成朋友，学会识别疾病的信号，才能及时给身体恰当的关爱和支持。

当出现疾病时，身体会出现很多信号：痛、痒、麻、肿、胀、晕、酸、累、烦躁、发烧、呕吐、发炎、肿瘤等，这些反应就是身体在面对不良刺激或伤害的过程中，选择性地进行内部资源结构的调整，并将身体的能量进行重新分配而产生的变化，也是产生症状的原因。这时，我们一方面要识别身体的信号，透过身体的信号探寻哪里出了问题，另一方面要减少身体所受到的不良刺激和伤害，给予身体需要的养分和支持。

往往是在生病时，我们才能停下脚步，让身体得到休息。所以把疾病当成朋友，感谢它的出现是在提醒你该去关爱和保养自己的身体了。

2．将医生看成凡人

疾病都有一个自然发展的过程，在这个过程中，充分发挥人体自身的抗病能力对疾病的痊愈具有重要作用，而盲目滥用药物则对身体有害。例如，一个病人因腹泻（一天五六次）求医，医生用抗生素治疗，两天后病人腹泻更加厉害，变成一天二十多次，原因是抗生素使病人肠道的正常细菌被杀灭，霉菌大量滋生，引起菌群失调。开始时的腹泻为细菌引起，后来的腹泻为霉菌所致，后者比前者对身体的伤害更加严重。

因此，在生活中，应该把医生当成凡人，而不是万能的神，要相信医生，但不能迷信医生。相信医生，是相信他的医学基础知识，因为那是几千年来数以万计的医疗工作者经验和智慧的结晶，可以给我们一些有益的建议和参考。但是，“疾病”作为一种时常带有超前性质的特殊“实践活动”，经验永远都跟不上其“实践”的需要。人是一个异常复杂的个体，各个组织、器官和各种生命物质之间不是孤立存在的，而是相互联系、相互制约的，机械呆板的数据、冷冰冰的医疗机器、常态的处方等现代医学手段，很难解决人体这个复杂的有机体内带有“动态”性质的极具复杂性的疾病。因此，有些治疗对别人有效，但对你无效也是正常的。要知道，医生不是神仙，医院也不是包治百病。

3. 让自己成为专家

西医鼻祖希波克拉底说：“并不是医生治愈了疾病，而是人体自身战胜了疾病。”因为人体是一部奥秘完善的精密机器，可以自动调整各种功能以修复自身被破坏的零件、部位。要发挥身体自身的调节功能，就需要认识和了解自己的身体，成为身体的主人和专家。

首先，平时注意养生和监控。如前所述，身体从健康到出现疾病会经历一个过程。因此，在身体健康时要注意养生，坚持健康的生活方式，以避免亚健康状况的出现，避免疾病的发生。同时，平时应注意监控身体的状态，定期体检，及时发现身体的疾病信号，将疾病及早发现、及早治疗。只要我们积极关注自己的身体，及早发现疾病的迹象，就可以防患于未然，达到自我保健、益寿延年的目的。

其次，生病后要了解病情，积极调整。在发现疾病之后，自己应对所患疾病治愈的可能性、慢性病的转归、并发症、治疗方式等进行科学的了解。这样在和医生的沟通中会更加主动，便于积极配合治疗，也可以促进个人对生活方式的调整来促进疾病的好转。

总之，坚持健康的生活方式，我们就能保持健康。21世纪健康的箴言是：最好的医生是自己，最好的药物是时间，最好的运动是步行，最好的心情是宁静。

二、过快乐的生活

约翰·亨利说过：不害怕人生的终结，却担心人生从未真正开始过。的确，每个人都渴望快乐的生活。但是，长久、快乐的人生源于日常生活中的乐观心态，温和宁静的情绪，友善随和的个性以及和谐统一的身心，它们构成了快乐人生的源泉。

美国心理学家经过10年的研究，对100多个国家和地区的1万多人的调查发现：快乐是人类特有的一种心理感受，经常感受到快乐的人往往健康无恙，即使偶尔患病，也容易不药自愈。研究大脑免疫系统的美国切斯特大学的神经生理学教授戴维·菲尔顿指出：当一个人感觉快乐时，大脑就会分泌内啡肽，内啡肽有助于缓和精神紧张并提高人体的免疫力，从而防御疾病，维持身体健康。因此，我们要学会调节心态，选择快乐的生活。

（一）心态决定命运

香港明星张国荣，被称为80年代的歌王、90年代的影帝。他演绎的经典歌曲和银幕形象，成为亿万歌迷、影迷心中永远的思念。但就是这样一个事业成功、生活富裕、在华人世界有着巨大影响力的人，却在2003年4月1日选择了自杀。关于张国荣自杀的原因有很多猜测，但是一个公认的主要原因是——抑郁症。他在遗书中以沮丧和忧郁形容死前的感受，他的好友透露曾陪他去看心理医生，并发现他曾自杀未遂。

张国荣虽然有着成功的事业、富裕的生活，但是心理疾病让他感受不到快乐和幸福，最终以自杀的方式结束了自己的生命。可见，心理健康对人生发展、事业成功和幸福生活有着重要的影响。

1. 良好的心态是人生发展的基础

人生就像是一个大舞台，每个人都在其中扮演着特定的角色，要胜任这个角色，就必须以良好的心理状态来适应复杂的社会环境。一个心理不健康或者心理失常的人，在生活上没有统一协调能力，轻者无法独立生活，工作效率下降，重者则对社会充满破坏和威胁，对他人的生活造成干扰和危险。如果用计算机来比喻人体，那么身体像是“硬件”，而心理则是“软件”，如果身体健康而心理不健康就像是只有硬件而没有软件，计算机是无法运行的。

复旦大学医学院研究生林森浩学习成绩优秀，高考时以680多分的高分考入中山大学。2010 年因成绩优异被中山大学推荐免试进入复旦大学医学院攻读硕士研究生。因与室友黄洋关系失和，心存不满，2013 年 3 月 31 日中午林森浩将做实验剩余的剧毒化学品 N 二甲基亚硝胺带至寝室，并将致人死亡 10 倍以上的剂量注入饮水机槽。2013 年 4 月 1 日早上，黄洋起床饮水后出现中毒症状，经抢救无效死亡。2014 年 2 月 18 日上海市第二中级人民法院一审判决林森浩死刑，剥夺政治权利终身。

林森浩本是风华正茂、前途无量的高材生，却因心胸狭隘、个性偏执，缺乏良好的心理调节能力和与人交往的能力，不仅导致自己人生的毁灭，还剥夺了他人的生命权利，给他人的家庭带来了极大的痛苦，也给社会带来了巨大的损失。可见，心理健康是人生发展的基础。如果没有良好的心理状态，人的发展就成为一句空话。

2. 优良的个性是事业成功的保证

现代社会挑战与机遇并存，面对社会的迅速变革，每个人都会承受来自学业、人际交往、求职择业、事业发展、恋爱婚姻等各方面的巨大压力，需要有较强的社会适应能力以及自信、乐观、创新、合作、进取等良好的个性品质。当一个人拥有自信，情绪积极乐观，意志品质坚强时，他便能够最大限度地开发自己的潜能；而当一个人处于自卑、愤怒、抑郁、焦虑、紧张等消极状态时，他对外界的感知能力也会下降，在事业上也往往到处碰壁，其智能的发挥也同样会受到阻抑。许多成功人士之所以能够获得事业的成功，就是因为他们具有良好的心理素质，因而他们的潜能得到了充分的发挥。

被誉为“乒坛皇后”的邓亚萍身高只有 1.50 米，对于从事乒乓球运动来说，先天的身体条件并不好。但她正是凭着自己的自信、坚强和毅力，不仅夺得了 18 个世界冠军，而且退役后先后获得了清华大学的学士学位、英国诺丁汉大学的硕士学位和剑桥大学的博士学位，达到了人生的又一个巅峰。目前，她担任人民日报社副秘书长、人民搜索总经理，正在攀登人生的第三个高峰。

邓亚萍的人生经历告诉我们，具有优良的个性品质和健康的心态，可以帮助你在人生的每个阶段、每一个领域成为佼佼者。

3. 健康的情绪是幸福生活的源泉

现代心理学研究发现，一个人事业的成功，只有20%依赖于智商，而80%依赖于情商。情商即情绪商数，是比照智商而言的，指人们掌控、调节情绪的能力。因此，健康的情绪不只是事业成功的保证，也是幸福生活的源泉。幸福快乐的生活是人人向往的。但是在现实生活中，我们难免会遇到困难、坎坷和挫折，因此，情绪出现波动纯属正常。而情商高的人情绪调节的能力较强，会很快摆脱负性情绪的干扰，恢复情绪的平衡，让自己快乐起来；而情商低的人则会沉浸在消极情绪中难以自拔。

所以，一个拥有良好心态的人，就会看到世界的美好，感受人生的幸福；如果心态不好，就像是带着墨镜看世界，多彩的世界也会变成黑色，失去光彩。其实，幸福本身就是一种主观感受和心理状态，美国科研机构通过对幸福的研究发现：幸福与年龄、性别和家庭背景无关，而是来自于一份轻松的心情和健康的生活态度。

（二）摆脱情绪困扰

“人非草木，孰能无情？”情绪是心理的重要组成部分。《心理学大辞典》将“情绪”定义为：有机体反映客观事物与主体需要之间关系的态度体验。情绪的每一次发生，都融合着生理和心理、本能和习得、自然和社会诸因素的交叠。根据情绪内心体验的功效，可以将情绪分为正性情绪和负性情绪。正性情绪一般为愉快、欢乐、舒畅、喜欢等外在事物对个体有利时的体验；负性情绪一般为痛苦、烦恼、气愤、悲伤等外在事物对个体造成危害时的体验。

在生活中，每个人都不可能事事顺利。当遇到挫折或不如意时，常常会出现负性情绪。如果不及时调整，负性情绪就会伴随并影响我们的生活，造成情绪困扰，影响身心健康。俄国生理学家巴甫洛夫提出：一切沉重、顽固的焦虑和忧郁足以给各种疾病打开大门。研究发现：长期、过度的不愉快、恐惧、愤怒等负性情绪会抑制胃肠运动，影响消化机能；造成心血管机能紊乱，引起心律不齐、心绞痛、高血压和冠心病，严重时还可导致脑栓塞或心肌梗塞，甚至危及生命。因此，学会管理情绪，及时摆脱情绪困扰是获得快乐生活的重要途径。

1. 正确认识情绪

人类的情绪复杂多样，我国《礼记》上记载了人的七种情绪，即喜、怒、哀、惧、爱、恶、欲。现代心理学认为人有七种基本情绪：喜、怒、忧、思、悲、恐、惊。

情绪过程伴有生理唤醒，会影响机体许多器官的活动。在不同情绪状态下，人的心律、血压、呼吸乃至内分泌、消化系统等，都会发生相应的变化。例如，人在满意、愉快时，心跳节律正常；人在焦虑状态下，会感到呼吸急促、心跳加快；而在愤怒状态下，则会出现血压升高、血糖增加、面红耳赤等生理特征，血液中的其他化学成分也发生改变。

情绪是一种内心感受和体验。人的不同情绪状态必然会反应在人的知觉上，从而形成人不同的内心感受和体验。如当面临危险时，会出现恐惧感；当需要得到满足时，会感到幸福愉快；在失去亲人时，会感到悲伤。

情绪伴随着某些外部表现。人的情绪会反应在人的表情、语态和行为动作中。比如：手舞足蹈、愁眉不展、顿足捶胸等都是对人不同情绪反应的描绘。因此，情绪的外在表现经常成为人们判断和推测其情绪的线索。

情绪的生理反应、内在感受及外在表现同时存在，共同活动，构成一个完整的情绪体验过程。

个体的情绪状态受多方面因素的影响，既受客观环境因素的影响，也受自身生理因素、认知方式和个性特点等因素的影响。比如：遇到相同的事件，不同个体会有不同的情绪表现，考试成绩60分，有的人会为自己没挂科而庆幸，有的人却会因自己没达到预期目标而沮丧，这是认知对情绪的影响。另外，有人情绪波动大，情绪的两极性表现明显；而有人则情绪平和，波动性小，喜、怒、哀、乐不轻易外现，这是个性对情绪的影响。

2. 学会接纳情绪

在生活中，人们往往喜欢正性情绪而排斥负性情绪，而排斥本身又会增强负性情绪，从而造成恶性循环，就像下面案例中的小叶一样。

小叶患了一种奇怪的皮肤病，据说该病与自身免疫系统和心情有关。医生强调小叶要保持心情愉快，于是小叶就对不好的情绪有了警惕性。一旦遇到不顺利的事情，小叶总想："怎么办啊，我不能不高兴、不能焦虑、不能生气，不然病情会恶化！"但是越是这样想，小叶越紧张，也常常变得更加不高兴、焦虑和生气，甚至开始失眠。

小叶对负性情绪的不接受只会带来更多的负性情绪。其实，人的各种情绪状态如同月亮的阴晴圆缺一样，都是情绪的正常表现。情绪本身并无好坏之分，每一种情绪都有它的价值和功能。我们不可能一直保持快乐和幸福，悲伤、失望、愤怒等负性情绪同样是我们生活中不可缺少的部分，并且常常对我们有着警示和避害作用。比如：焦虑是为了提醒我们，让我们不要懈怠；恐惧可以帮助我们规避危险；愤怒可以让我们了解自己最在意的事情，激发情绪反应的力量；罪咎感可以让我们自省，不做不可为的事情；自卑感可以提醒我们与人比较还有差距，从而激励自己不断超越自我，变得强大起来。因此，对待情绪的正确态度是接纳自己的各种情绪，允许负面情绪的出现和存在，并找到合适的方法化解它。

3. 化解负性情绪

在接纳的前提下，运用有效的方法及时化解负性情绪，才能减少负性情绪对我们身心的伤害。

（1）合理宣泄

伴随着情绪的产生，人体在心理和生理上会慢慢积蓄起一定的能量，给人的心理和行为提供动力。在日常生活中，人们会自觉或不自觉地发泄着这种能量，如快乐时的手舞足蹈，失去亲人时的失声痛哭，愤怒时的暴跳如雷等等。当我们出现负性情绪时，犹如积蓄了负性能量的气球，如果不加调整就会出现失控的现象。因此，化解负性能量首先需要合理宣泄。宣泄情绪可以通过：

向自我表达，如，写日记、画画等；找他人倾诉，向老师、父母、好朋友或受过专业训练的心理咨询师倾诉，把心中的不快、郁闷、困惑等一股脑儿倒出来。

向环境宣泄，可以寻找适当的场所和方法，排解心中的不良情绪，如，伤心时，可以用大哭、唱歌、跑步等方式宣泄；使情绪升华，把那些烦恼、伤心、气愤等负性情绪升华为采取积极行动的推动力，努力争取改变不如意的状况，如把考试成绩不好时的伤心或受人批评时的不服气化作奋起直追的动力，从而把负性情绪转化为积极行动。这些宣泄方式都可以使我们平衡身心、保持心理健康。

（2）调整认知

心理学家艾利斯提出：影响情绪的关键因素是人们对事件的看法，也就是我们的认知，认知通常包含我们对自己的期待和对事物的看法，当出现负性情绪时，我们需要学会调整期望和理性认知。

第一，调整期望。俗话说：期望越大，失望也就越大。如果愿望没有实现，人就会有心理落差，从而产生失望、难过等消极情绪。在这些时候学会面对现实，调整期望，就会变消极为积极。例如：一心想当班长的小鹏落选了，他很沮丧，但很快调整自己，他首先将自己与现任班长做了比较，发现自己的组织能力不够强，然后根据自己个子高，篮球打得好的优点，将自己的期望调整成当体育委员，最后成功当选。我们如果学会了通过调整期望来适应现实生活，不过分关注眼前的得失，心情就会愉快起来。

第二，理性认知。心理学中的理性情绪理论认为情绪的变化取决于人对事物的看法，而不是事情本身。比如：小王和小李都得到了五千元的年终奖，小王觉得领导很重视自己，所以很高兴；小李觉得自己干得比小王多还和小王拿一样多的钱，认为领导不重视自己，所以很不开心。改善消极情绪的关键就是要找出那些不理性的认知，并对它们进行辩驳，从而改变旧认知，形成新认知，达到改善情绪的目的。

艾利斯指出，人们常见的非理性观念表现为以下三种：

①绝对化的观念，即对什么事物都怀有认为必须或不会发生的信念。在这种非理性观念中，世界上事物只有两类，要么正确、要么错误。非黑即白就是这种绝对化观念的典型表现。

②过分概括化，即以偏盖全的思维方式。这种非理性观念往往是由泛化的推论导致的，比如：有的同学一次考试失利就认为自己不可能学好这门课程；一次被朋友伤害就认为朋友都不可信；一次失恋就不再相信爱情。

③灾难化的思维。这种认知偏差常表现为夸大事件的危害性，看不到事件的积极方面和转机，认为一旦出现了，天就要塌了，再也没有比这更可怕的事情了。

英国作家萨克雷说：生活就是一面镜子，你笑，它也笑；你哭，它也哭。一个人因为发生的事情所受到的伤害，往往是由于他对这个事情的错误认知造成的。所以，如果改变不了事情，就改变对这个事情的态度。态度变了，事情就变了，心情自然也会快乐起来。

（3）转移注意

当负性情绪出现时，可以采取转移注意力的方法寻找一个积极的刺激，使负性情绪逐渐消失，如：参加体育运动、亲近大自然、参加有兴趣的活动等等，使自己没有时间沉浸在因各种原因引起的不良情绪反应中，以求得心理平衡。如果正处在剧烈情绪状态时，暂时离开引起情绪的环境和有关人物也会使负性情绪缓解。

(4) 放松身体

当人处于负性情绪状态的时候，身体肌肉往往是紧张的，如果从放松肌肉入手，可以起到很好的调整情绪的作用。比如：做放松练习、洗热水澡、按摩、深呼吸、瑜伽等都是通过身体的放松，进而调整情绪的好方法。

（三）打开快乐之门

快乐是我们身心愉悦时的一种心理状态，是健康生活的必需品。快乐的心情就像一剂良药，快乐了，就会心情舒畅地工作、生活；快乐了，身体就会更加健康，人也会变得更加开朗、宽容和友善。

著名作家冰心，是蜚声海内外的大文学家。她经历过战乱年代，并在文化大革命中受到冲击，被抄家、关进“牛棚”，还在烈日下接受批斗。但她经受住了苦难生活的考验，写下了几百万字的作品。她一直活到99岁，成为世纪老人，她在谈到自己健康长寿之道时说：“对我来说保持健康的方法不是高营养，吃补药，而是一句话‘在微笑中写作’。我写了一辈子书，虽然年纪大了，但未停笔，心情是乐观的。”

冰心的故事告诉我们：决定一个人幸福快乐与否，不是在于环境，而是在于心境。如果内心是悲观的、消极的，那么我们从生活中接收到的一切信息都将是伤感的、带着痛苦的；如果内心是乐观的、积极的，那么不管生活给予了我们什么，我们都能感觉到同样的快乐。快乐发自内心，只要找到打开快乐之门的钥匙，我们就可以随时创造一种“快乐”的心境。

1. 培养积极思维

快乐的心态源于积极的思维。积极思维是一套完整的思维方法，是指在任何处境下都将自己的思绪集中在事情的积极方面。保持积极思维会让人对自我感觉良好，对他人抱有好感并与人愉快相处，会对世界充满期待并相信能得到最美好的生活。正如卡耐基说的：每当我们的思想集中时，我们就能产生、创造某种东西，如果我们的思想集中于美好的事物，那么我们就会创造出美好的事物来。

培养积极思维需要我们做到以下几点：

第一，从言行举止开始。积极的行动会导致积极的思维，而积极的思维会导致积极的人生态度。如果一个人总是从消极的视角看问题，那他看到的永远是黑暗和痛苦，快乐就会离他而去。

第二，用美好的感觉和信心去影响别人。在日常生活中，人们总是喜欢与积极乐观的人在一起，因此，在与别人交往时，多表达美好的感受，表现出自信，这样会带给别人积极的感受。

第三，重视与你交往的每一个人。每个人都希望自己是重要的，是被别人需要的，这是人们自我意识的核心。如果你能满足别人心中的这一期望，人们就会对自己，也对你抱积极的态度。可见，使别人感到重要的同时，别人也会反过来认为你重要。

第四，寻找每个人身上的优点。如果你善于从他人身上发现最美好的东西，就会让你对他人留有美好的印象，同时这种美好的感觉也会使他人对自己产生良好的感觉，从而促进双方的关系的进一步发展。

2. 积累快乐情绪

俗话说：笑一笑，十年少。良好的心理状态、快乐的情绪会对人的身体产生积极的影响。现代医学的研究发现：快乐的情绪有利于调整大脑及整个神经系统的功能，使身体各系统的活动处于协调状态，对人的生命活动起着良好的作用。

英国科学家法拉第，年轻时体质较差，加上工作紧张，用脑过度，身体十分虚弱，多方求治也不见效。后来，一位名医给他进行了检查，检查结束之后，医生没有给他开药方，只送他一句话：“一个小丑进城，胜过一打名医。”法拉第细细品味这句话，悟出了其中的奥妙。从此，他经常抽空去看马戏和喜剧。精彩的表演总是令他开怀大笑。他还到野外和海边度假，调剂生活，经常保持快乐的情绪。久而久之，法拉第的身体逐渐地康复了。

人生有苦也有乐，但快乐的感觉常常是短暂的。这是因为情绪遵循“快乐不对称定律”，即在我们的感受中，正性情绪总会慢慢消失，不管是刻骨铭心的爱还是巨大的满足，它们所带来的快乐总是会慢慢溜走。但是，负性情绪却总是挥之不去。因此，我们要让自己活得快乐，就要学会积累快乐，让快乐情绪常驻心头。

首先，学会发现快乐。其实，我们的生活中并不缺少快乐，只是每天习惯于被琐事缠身，而忽略了快乐的存在。我们可以通过记快乐日记、快乐周记的方法来积累生活中的点滴快乐，重温快乐时光。知心姐姐卢勤给我们的快乐秘诀是：当快乐没有到来时期待快乐，当快乐到来时享受快乐，当快乐走后回味快乐。这样你就可以时刻与快乐相伴，过快乐人生。

其次，用心创造快乐。生活中很多事都可以带来快乐，比如：与自己爱的人共度悠闲、温馨的时光；与大自然共处，享受蓝天、白云、花草、树木；做自己喜欢做的事情；欣赏艺术创作或表演；读一本让人受益的好书；照顾花草或宠物；尝试新鲜事物；帮助别人，做运动等等都可以让我们感受到快乐。

最后，主动选择快乐。每个人心中都有快乐的种子，快乐是一种选择，可以是无理由的。只要你拥有一颗快乐的心，别让世俗的尘埃蒙蔽了双眼，别让太多的功利束缚了心灵，你就会发现快乐就在我们身边的每一个角落，唾手可得。

3. 拥有感恩之心

世界科学巨匠霍金，是一位高位截瘫的残疾人，他口不能说，腿不能站，身不能动，却成为杰出的物理学家，被称为“宇宙之王”。他从未抱怨命运对他的不公，反而说：我的手还能活动；我的大脑还能思维；我有终生追求的理想；我有爱我和我爱着的亲人与朋友；对了，我还有一颗感恩的心……

拥有一颗感恩的心让霍金保持乐观，活出了自己的价值。感恩是快乐和成功的来源。人生在世，不可能一帆风顺，当挫折、失败来临时，一味埋怨生活的人就会变得消沉、萎靡不振，收获的只有失败；而对生活满怀感恩的人则会在困境中看到希望和动力，从而最终获得成功。

感恩不是一种心理安慰，不是对现实的逃避，不是溜须拍马，更不是阿Q的“精神胜利法”。感恩，来自对生活的爱与希望，是真诚的、自然的情感流露，不带有功利性，不求任何回报。懂得感恩的人，往往是有谦虚之德的人，有敬畏之心的人，是爱多于恨的人。拥有了一颗感恩的心，人就没有了埋怨，没有了愤愤不平，也就有了一颗从容淡然的心。

前南非总统曼德拉因领导反种族隔离运动，被南非法院以密谋推翻政府等罪名将他定罪。曼德拉在牢狱中度过了漫长而痛苦的27年。当他1990年出狱后，他对这段牢狱生活没有愤怒，没有抱怨。他说：“当我走出囚室，迈过通往自由的监狱大门时，我已经清楚，自己若不能把悲痛与怨恨留在身后，那样我其实仍在狱中。而自己年轻时性子很急，脾气暴躁，正是在狱中学会控制情绪才活了下来。牢狱岁月教我如何应对苦难！”

正是由于曼德拉拥有博大的胸怀和感恩的心态，才使得他出狱后没有选择报复南非政府，而是转而支持调解与协商，并在推动多元族群民主的过渡期挺身而出。1994年4月，非国大在南非首次不分种族的大选中获胜，曼德拉成为南非历史上首位黑人总统。自种族隔离制度终结以来，曼德拉受到了来自各界的赞许，包括从前的反对者。1993年曼德拉获得诺贝尔和平奖，2004年曼德拉被选为最伟大的南非人。

我们要学会感恩，感谢生活对你的赠予，感谢父母对你的养育，感谢别人对你的提携，感谢自己所拥有的一切！感恩之心，既能幸福他人，也能快乐自己。

三、筑精神的家园

“当代雷锋”郭明义被人称为“郭菩萨”，也有人称他为“郭傻子”。他每天提前2个小时上班，15年累计献工15000多小时；他积极参加无偿献血、资助贫困生、为他人捐款等公益活动，20年累计献血6万毫升，成为鞍山市第一批捐献造血干细胞志愿者，第一批遗体和眼角膜自愿捐献者；他为希望工程、身边工友和灾区群众捐款12万元，先后资助了180多名特困生，而自己的家中却几乎一贫如洗，一家3口人至今还住在一个80年代中期修建的、不到40平方米的单室里。在他的带动下鞍山市成立了第一支无偿献血志愿者服务队、第一支红十字志愿者服务队、第一支红十字志愿者急救队以及“郭明义爱心联队”。

虽然郭明义在物质上并不富裕，但他在精神上却是富足的，他爱岗敬业、助人为乐、艰苦奋斗、无私奉献的精神影响了一个时代，他的事迹向我们充分说明了：一个人精神的富足才是幸福的关键。

（一）认识精神力量

精神与人相伴相随，无论是个人，还是群体，都必然会被深深地打上精神的烙印。从个人来看，精神表现为个人的理想、信念、意志、价值观等；从群体来说，精神则表现为民族精神、集体观念、团队意识、整体意志、合作精神等。精神为人提供了一种必不可少的依托和充实感。那些具有精神依托和精神充实感的个人不会在生活的潮流中堕入精神空虚的深渊，也不会在人生的征程中对人存在的意义和价值持悲观主义态度；那些具有精神依托和精神充实感的群体不会缺乏民族精神、集体观念、团队意识、整体意志和合作精神，也不会对其自身的存在价值和发展前景缺乏、失去信心。个人因为有精神的支撑才觉得人生值得一过；

群体因为有精神的支撑才具有可持续发展的动力源泉。

1. 精神是人之灵魂

人与动物的根本区别不在于身体，而在于精神。由于具有自然界其它动物所不具备的“精神”，人才成为了万物之灵。因此，精神是人之灵魂。

一般来说，人的物质生活可分为贫困、小康、富裕三个层面。同样，人的精神生活也可如此划分。不知礼仪、不讲诚信、贪图享受、寡廉鲜耻、不思进取、无所作为、好逸恶劳、人穷志短等，是“精神贫困”阶段。自尊自爱、洁身自好、知书达理、好学上进、诚实守信、爱岗敬业等，是“精神小康”阶段。自强不息、厚德载物、助人为乐、急公好义、吃苦在前、享受在后，“先天下之忧而忧，后天下之乐而乐”“富贵不能淫，贫贱不能移，威武不能屈”等，是“精神富裕”阶段。

物质和精神都可以看作是人生的一种财富，但只具备丰富的物质财富，而精神财富贫乏的人，犹如行尸走肉。在物质日渐富足的今天，我们更应关注精神的富足。因此，住进新居了，别忘了给自己置办一张书桌，多读点书，充实自己的精神家园；开上轿车了，别忘了遵纪守法，提高修养，礼貌待人；走出国门了，别忘了咱们来自“礼仪之邦”，要做文明游客；腰包变鼓了，别忘了回馈社会，扶危济困；当了经理、老板，别忘了社会责任、公民义务……这些都是精神富足的题中应有之义。

2. 精神贫困空虚来

物质上的贫穷可以通过努力加以改变，而精神上的贫穷往往是致命的。古今中外不乏这样的例子：那些狭隘自私、唯利是图的人，过分追求物欲的满足，虽然也许可以实现物质上的富有，但由于精神空虚，缺乏感恩之心，结果很容易导致与周围世界的冲突，难以感受到心灵的愉悦和精神的满足。那么，他在精神上就是贫穷的。当一个人精神贫困时，就会产生内心的空虚感和精神的颓废感。

2014 年 3 月歌手李代沫吸毒被抓，4 月文章出轨闹得沸沸扬扬，5

月演员黄海波嫖娼震惊国人，6 月编剧宁财神吸毒再次让人大跌眼镜，7 月、8 月张默、高虎、房祖名、柯震东等吸毒被抓……

人们不禁要问：演艺圈怎么了？这些明星怎么了？他们都是明星、偶像，物质上不可谓不富有。但是，物质上的富足不代表精神上的富足。归根结底，这些锦衣玉食的明星们往往是因为精神上的空虚才做出了这些让人痛心的事。

“世界太拥挤，心里太空虚”这句流行语，道出了很多人的心声。精神空虚是一种普遍的社会现象，当社会失去精神支柱或社会价值多元化导致人们无所适从时，就容易产生这种空虚的心态，可以称之为“精神空虚病”。被空虚侵袭的人，无一例外的是那些精神贫困的人。他们缺乏远大的理想和高尚的精神追求，或是消极失望，以冷漠的态度对待生活；或是寻求肉体刺激和物欲满足，沉迷于赌博、吸毒，浪费了生命的大好时光，断送了事业的大好前程。可见，构建人的精神世界，追求人的精神满足才能带给人们不竭的动力。

3. 精神富足心畅快

精神富有者追求的是精神上的充实和满足，追求的是做一个有益于社会和他人的人，即使在物质生活上他们是贫困的，但他们的内心充实而畅快，充满了幸福感。

胡忠、谢晓君夫妇都是成都中学的老师。2000 年，胡忠在晚报上看了一篇关于四川甘孜州康定县塔公乡一所孤儿学校急需老师的报道，动了支教的年头。他带着妻子到当地考察后，为当地的艰苦状况震惊。但胡忠还是下定了决心，来到这里支教，做一名志愿者。这时候，他们的女儿刚刚出生不久。

孤儿学校处在海拔 3800 米的康定县塔公乡，是一所福利性质的民办公助寄宿制学校。这里是甘孜州 13 个县的汉、藏、彝、羌四个民族 143 名孤儿的校园，也是他们完全意义上的家。

2003 年，在丈夫的召唤下，谢晓君带着三岁的女儿也来到这里支教。谢晓君在音乐学院弹得一手好钢琴，可学校最需要的却不是音乐老师。生物老师、数学老师、图书管理员和生活老师，三年时间里，谢晓君尝试了四种角色位置，顶替离开了的志愿者和支教老师。2006 年，8 月，一座位置更偏远、条件更艰苦的学校“木雅祖庆”创办了。她主动前往当起了藏族娃娃们的老师、家长甚至是保姆。后来，她甚至把工作关系转到康定县，并表示“一辈子待在这儿”。2011 年在中央电视台“感动中国 2011 年度人物”评选中，胡忠、谢晓君夫妇以 1800 多万的高票当选“2011 年度感动中国人物”。

在中央电视台“感动中国 2011 年度人物颁奖典礼”上，主持人问胡忠、谢晓君夫妇：“志愿者工资每月只有 300 元，你们怎么能够支撑这么多年?”胡忠回答：“我觉得是靠一种信念。作为教师，我觉得是非常非常有意义的，这种意义超越了内心对所有物质条件的需求。当自己的内心能够感受到工作的快乐，就会觉得对孩子的付出是一种满足，我觉得胜过世界上的一切物质享受。”胡忠、谢晓君夫妇的事迹告诉我们，精神的富足能带给人满足和幸福。

一个人在精神上是否富有，关键取决于其道德素质、精神境界的高低。那些品德高尚、目光远大、致力于促进社会发展和进步的人，即使在物质上十分贫穷，但由于能够得到他人和社会的认同与尊重，他在精神上就是富有的。

精神给人的力量是无穷的，精神世界的充盈会让我们心情畅快、充满幸福感和力量感。

（二）凝聚精神力量

人类文明的发展积累了丰富的物质、文化和精神财富。牛顿说：“我之所以看得比别人更远，是因为我站在了巨人的肩膀上。”在充实精神力量的过程中，我们可以通过文化滋养、理性思考和虚心求教来凝聚古今中外的精神力量，促进个人的发展。

1．文化滋养——给灵魂充电

经济致用，文化致远。我们生活在一个信息爆炸、物质财富不断增长的时代，更可能陷入精神的空虚和灵魂的漂泊。如果说精神是人的灵魂，那么文化的滋养就是给灵魂充电。文化，作为人类创造的物质财富和精神财富的总和，犹如取之不竭的智慧宝库，能够丰富人的精神世界，增强人的精神力量，促进人的全面发展；能够在人们认识世界、改造世界的过程中转化为物质力量，对社会发展产生深刻的影响。文化的力量，已深深熔铸在民族的生命力、创造力和凝聚力之中，成为综合国力的重要标志。

读书是获取文化滋养的最好方式之一。读书，可以给人知识和智慧，陶冶人的情操，让人变得知书达礼、温文尔雅、心胸豁达。中华民族作为文明古国，有着读书的优良传统和行为习惯。从唐代现实主义诗人杜甫的“读书破万卷，下笔如有神”到北宋政治家、文学家欧阳修的“立身以立学为先，立学以读书为本”；从北宋著名水利专家刘彝的“读万卷书，行万里路”到宋代文学家苏轼的“发奋识遍天下字，立志读尽人间书”，无不强调读书乃安身立命之本，把读书和实践作为修身养性的重要途径。

高尔基也曾经说过：“书籍是人类进步的阶梯。”学者们通过对俄罗斯文化的分析发现：俄罗斯人喜爱读书、买书。在20世纪90年代，俄罗斯经济下滑，很多人宁可啃干面包，也要拿钱去买书籍，丰富自己的精神生活。正因为对精神的追求，才使俄罗斯这个民族在政治经济的动荡中，平稳地度过难关，实现经济复苏。

除了读书外，丰富的文体活动也可以给人带来文化的滋养。如：看歌剧、电影、话剧，听音乐会，参观博物馆、美术馆等艺术熏陶，可以陶冶情操、让人身心愉悦；跑步、太极拳、体育舞蹈、趣味运动会等体育活动，不仅可以锻炼身体，增强体质，而且还可锻炼人的意志品质，带来愉快的心境。

英国杰出作家罗斯金曾说过：人的思想是可塑的。一个人如果每天观赏一幅好画，阅读某部佳作中的一页，聆听一支妙曲，就会变成一个有文化修养的人——一个新人。

2. 理性思考——化腐朽为神奇

人生在世不可能一帆风顺，总会遇到各种挫折和磨难。我们要善于运用理性思考，在不利之中，找出对自己有利的方面。倘若斤斤计较，患得患失，总是在不利的圈子里打转，那就总是走不出黑暗，看不见光明，陷入精神的困境。俄国作家契诃夫曾说过，要是你的手指扎一根刺，那你应该高兴：挺好，幸亏这根刺没有扎在我的眼睛里！这种乐观而理性的思考方式会让我们保持积极的精神状态，并能够把付出的代价转换为成功的资本。

人之所以优于其他动物，正是因为人拥有理性的大脑。人类懂得如何正确地思考，正确地分析问题，做出正确的判断。在面对困境时，有三个步骤可以帮助我们保持理性思考：第一步：沉住气，冷静分析整个情况，找出可能发生的最坏情况；第二步：说服自己，在必要的时候能够接受它；第三步：调整心态，试图寻找困境可能会带来的好处，并平静地把时间和精力拿来试着改善那种最坏情况。迈开这三步，你就会从困境中找到机遇，从挫折中孕育成功。

3. 虚心求教——他山之石可以攻玉

孔子说“三人行，必有我师”，这不仅体现在知识、智慧的传授方面，也体现在精神的影响方面。每个人都有自己的盲区，一个人再强，也不可能完成所有的事情；一个人再是人才，也不可能样样精通。但是，术业有专攻，在每个方面都会有人才，都会有精通的专家。我们自身的资源是有限的，但我们周围的资源是无限的。因此，保持虚心求教的态度，才能更好地运用周围的资源，他山之石，可以攻玉。

法国资产阶级启蒙思想家孟德斯鸠说过：谦虚是不可缺少的品德。世上凡是有真才实学者，凡是真正的伟人俊杰，无一不是虚心好学的人。虚心求教是一种胸怀，是居功不骄、虚怀若谷的品格，对人能知其所长，虚心学习；虚心求教是一种气魄，是“海纳百川、有容乃大”的气度，善于招八方贤才，会四海宾客；虚心求教是一种姿态，是有自知之明，把身价放低的态度。老子说：“江海所以能为百谷王者，以其善下之。”江海之所以能够成其大，就是因为它处在最低的位置，大江大河才会流向它。这个现象告诉我们：如果一个人能够把姿态放低，虚心学习，各方面的知识、智慧都会不断地向这个“低谷”流进来，让人受益匪浅。当然，放低姿态，并不是自我贬低；虚心求教也不是自我否定。而是在尊重自我的前提下，多发现、欣赏和学习他人的长处，内化为自己生命的能量，成为更好的自己。

（三）创造精神力量

强大的精神力量不是一朝一夕就能获得的，伟大的人物身上所体现的伟大精神，也不是与生俱来的。我们不仅需要凝聚他人及社会的精神力量，更需要在自己的生活中创造精神力量。古今中外，许多事实说明：在崇高理想支配下的人，可以战胜巨大的困难，甚至做出平常人做不到也不敢想的事情，创造出精神力量的奇迹。创造精神力量的关键在于放飞梦想、锤炼意志及坚守信念。

1. 放飞梦想

梦想是我们心中最深切、最美好的渴望，人世间的很多奇迹都源于梦想。生命因为梦想而丰富，梦想因为不断地付诸行动而精彩。

蒂尼·博格斯身高只有1.6米，但他非常热爱篮球，他从小就梦想到NBA打球。但是，很多人却对博格斯的梦想嗤之以鼻，因为他们认定一个1.6米的矮个子绝不可能打NBA。不过，博格斯并没有以此气馁或自卑，他用比一般人多几倍的时间练球，充分利用自己矮小的“优势”，行动灵活迅速，像一颗子弹一样，运球的重心很低，不容易失误，个子小不引人注意，抄球常常得手。最终，博格斯成为NBA史上最矮的球员，他不仅控球一流，远投神准，甚至高个队员面前上篮也毫无畏惧。

博格斯用他的经历向我们说明，只要有梦想，并坚持不懈地朝着梦想努力，总有一天会梦想成真。可见，放飞梦想，就是把梦想放在心中，充实我们的内心；放飞梦想，更是把梦想付诸行动，不断努力，实现梦想，创造自己的价值。

2. 锤炼意志

意志是指人自觉地确定目的，并根据目的调节支配自身的行动，克服困难，去实现预定目标的心理过程，是人类所特有的心理现象，是人的意识能动性的集中表现。早在2400多年前，孟子就说过："天将降大任于斯人也，必先苦其心志，劳其筋骨，饿其体肤，空乏其身，行拂乱其所为，所以动心忍性，曾益其所不能。"这段话，生动地说明了意志力的重要性以及磨砺过程。因此，要想实现自己的理想，达到自己的目的，就需要具有坚强的意志、勇敢的精神，克服前进道路上的一切困难。意志顽强者，勇往直前、所向披靡、千难万险挡不住；意志薄弱者，畏首畏尾、怕字当头、困难面前当逃兵。

张海迪是中国著名残疾人作家，中国残联第六届主席团主席，被誉为"80年代新雷锋"和"当代保尔"。五岁的时候，她因患髓血管瘤造成高位截患。但是在残酷的命运挑战面前，她没有沮丧和沉沦，而是对人生充满了信心，以顽强的意志与疾病作斗争。虽然没有机会走进校门，但她发奋努力，学完了小学和中学的全部课程，还学习针灸，在当地行医。后来，张海迪陆续自学了英语、日语和德语，并攻读了大学本科和硕士研究生的课程，获得哲学硕士学位，被英国约克大学授予荣誉博士称号。从1983年开始，张海迪创作和翻译的作品超过100万字，出版了《生命的追问》《轮椅上的梦》《绝顶》等优秀文艺作品。

可见，意志力是成就人生的法宝。美国新思想运动代表人物之一，励志畅销书作家弗兰科·哈德克在《意志力决定成败》一书中指出：意志是人的最高领袖，意志的指导作用对世上每个人的价值将无法估量。成功与失败的分水岭在于意志力的强弱差异：成功者往往是意志力坚强的人；失败者往往是意志力薄弱的人。因此，他认为，在这个世界上，真正创造人生奇迹者乃人的意志力。

意志力并非是生来就有或者不可能改变的，它是一种能够培养和发展的个性品质，可以通过日常生活中的专门训练来培养意志力。

积极主动设立目标。培养意志力的第一步是要设立明确的行动目标。设立的目标要符合自己的实际状况，且目标具有层次性，包括长期目标、中期目标和近期目标。然后还要将目标细化为具体明确的任务，比如：每天早晨步行 45 分钟。这样才有助于我们把目标转化为行动，通过行动获得一步步的改变。

下定决心改变自我。有了目标以后按照目标去行动是培养意志力的关键环节。而在行动的过程中，改变自我的动机越强，则对行动的推动作用就越大。因此，在确定改变的目标之后，还要不断增强改变自我的动机，清晰地认识到改变给自己带来的益处以及需要付出的努力，并为目标规定期限，这样才能推动改变自己的行为。

坚持行动，持之以恒。恒心是意志力的重要组成部分，要培养自己的持久精神，坚持长时间做同一件事情，比如：每天坚持锻炼或练习书法等，培养持之以恒的精神和坚忍不拔的品质。

自我鼓励积累信心。积极的情绪会促进人前进，消极的情绪会让人退缩。因此，在培养意志力的过程中，要进行自我鼓励，在成功时奖励自己，失败时寻找原因及时调整。当你用顽强的意志力建立了一种好的行为方式，或者克服了一种不良习惯，那么，随着你对自己掌控力的不断增强，你的自信心就能逐步得到提升。

3. 坚守信念

俄国的列宾曾经说过：没有原则的人是无用的人，没有信念的人是空虚的废物。信念是一种心理能量，能激发人们潜在的精力、体力、智力和其它各种能力，将人的身心调整到最佳状态，以实现人的理想。信念是意志行为的基础，没有信念人们就不会有意志，更不会有积极主动的行为。有人将信念比喻为人生征途中的一颗明珠，他既能在阳光下熠熠发亮，也能在黑夜里闪闪发光。

沈浩是安徽省财政厅派驻小岗村的选派干部。他带领村民办工业、兴商贸、科学种田，以市场经济的头脑发展种植、养殖和高效农业，发展农家乐生态旅游。他对村“两委”班子说：“现在是小岗村冲破瓶颈大发展的关键时期，一步都不能耽误！一定要把小岗村发展好。”正是因为有这样的信念，沈浩在小岗村的 6 年里，没有节假日，没有星期天，繁忙的工作中，他“过家门而不入”早已不是三次四次。在他生命的最后几天，他的日程表上还排满了各项工作。2009 年 11 月 6 日，沈浩在小岗村临时租住的房子内因劳累过度因病去世，年仅 46 岁。沈浩用自己的生命践行了对信念的坚守，也给我们留下了巨大的精神财富。

可见，信念是我们前进的动力，是我们走出困境的希望，更是我们创造奇迹的力量。只有坚守信念，我们才会超越自我，走向成功。

四、展生命的光彩

人的生命是身、心、灵的完美统一。“身”是指身体，“心”是指心理、情绪等内心世界的活动，“灵”则是指精神和灵魂，也是宇宙万物皆具的能量，也可称之为灵性。只有人的身、心、灵三个方面的统一与和谐，才能创造生命的价值，绽放生命的光彩。

曾经的美女演员、现在的身心灵课程引导讲师胡因梦曾三度患抑郁症。当读者问她“得了抑郁症该怎么办”时，她这样回答：“首先，从身体的角度来说，西医认为是由于血清素缺乏而导致抑郁，应该让他服用药物补充血清素；中医则认为抑郁症患者内气郁结，应该用按摩的方法打通他的经络。然后，从心理的角度来说，抑郁症患者情绪的新陈代谢处于不良状态，无法快速放下负面情绪，应该缓慢疏导。最后，从灵修的角度来说，则应该采取柔软、自省、内观、觉知的方式与其做正向的沟通，洞察其潜意识中的匮乏和真正需要。”所以要治疗抑郁症，需要从身、心、灵三个层面去调整。

其实，不只是抑郁症需要从身心灵三个层面去调整，人本身就是身心灵的统一。

（一）自我是身心灵的统一

自我也被称为自我意识或自我概念，在心理学中主要是指个人对自己各方面的认识，即个体对自己的身心状态的觉察和认识，包括认识自己的生理状况（如身高、体重、形态等）、心理特征（如兴趣、爱好、能力、性格、气质等），以及自己与他人和周围世界的关系（如自己在群体中的地位和作用等）。一般说来，自我意识包括个体对自身的意识和自身与周围世界关系的意识两大部分。自我意识是人格结构的核心，是人的心理区别于动物心理的重要标志①。

1. 悦纳现实的自我

悦纳自我是指个体对现实自我的接纳、肯定和认同的态度。心理学研究发现，肯定、认同自己的人比否定、拒绝自己的人更容易建立自尊和自信。可见，积极地悦纳自我是心理健康的重要内容，是科学塑造自我的前提，是发展健全自我的核心。怎样才能更好地悦纳自我呢？

首先，悦纳自我要无条件接纳自己，承认自己的独特性。世界上没有完全相同的两片树叶，也没有完全相同的两个人。当然有些人在某些方面很像你，但是没有人完全像你。一个独特的你不必和别人比高低，也不要拿别人的标准来衡量自己。要看到自身的优势，相信天生我材必有用，这样你就能找到内心的安全

① 俞国良：《社会心理学》，北京师范大学出版社，2006 年。

感，就能实现自己的价值。

黄美廉女士是位天生脑性麻痹患者，无法言语，但她凭借乐观的心态和顽强的意志成为美国南加洲大学的艺术博士，在台湾开过多次画展。有一次，她应邀到一个场合演“写”（不能讲话的她必需以笔代口），会后提问时，一个学生当众问：你从小就长这个样子，请问你怎么看你自己？你没有怨恨吗？她写到：

1. 我好可爱！

2. 我的腿很长很美！

3. 爸爸妈妈这么爱我！

4. 上帝这么爱我！

5. 我会画画！我会写稿！

6. 我有只可爱的猫！

7. 还有……

最后，她在纸板上写道：“我只看我所拥有的，不看我所没有的。”

黄美廉女士成功的秘诀就是接纳自己的不完美，以积极乐观的心态面对疾病，充分发掘自己的潜能，使自己超越了生理的局限。

其二，悦纳自我要正确地看待自己的缺点和不足。你是独特的，但并不意味着你是完美的。一个拥有智慧的人不仅能够接纳自己的优点，同时也有能力去接纳自己的不足。对于可以改进的缺点，如不良的生活习惯，应学会勇敢地承认它并积极去改正；而对于不可改进的缺点，如相貌不佳等，则要坦然地承认和接受，并尝试通过发挥其他方面的优势来弥补。

其三，不要一味地与别人攀比。如果我们总是希望处处胜人一筹，必然会变得心胸狭隘，整日被嫉妒心搅得心神不宁。因此，不必为自己在某个地方强于别人而沾沾自喜，也不必为某些方面不如别人而灰心丧气。要知道，你是独特的个体，你的目标是努力挖掘自己的潜能，做最好的自己。这样，你就可以在平凡甚至有缺陷的自我上，创造属于自己的、有价值的人生。

2. 发现伟大的自我

有一个人饱受失败的打击，觉得自己一无是处，非常痛苦，去找一位智者帮助。智者问他："我给你一百万买你的眼睛，你卖吗？"这个人想了想："没有了眼睛，有再多的钱又怎么样呢？"于是就摇摇头。智者接着问："要是我再加二百万，买你的一只手和一条腿呢？"这个人还是摇摇头。智者笑着说："你看，你就是站在这里，什么都不做，都至少值三百万了，你怎么能说自己一无是处，没有价值呢？"

俗话说：金无足赤，人无完人。虽然我们都是不完美的，但就像故事中的人一样，我们本身就是有价值的，关键在于是否可以欣赏自己，发现自己的价值和伟大。

如果一个人总是把目光聚焦在自己的不足上，或者总是不断地提醒自己做错了多少事，他就会越来越觉得自己一无是处，徒增了很多不必要的烦恼。因此，我们要学会用积极的眼光看待自己。如果我们把眼光聚焦在自己的优点上，就会看到自己的资源，看到自己已经做成的事，就会由衷地欣赏自己，找到属于自己的价值。所以，不必羡慕参天大树和耀眼的太阳，即使做一棵小草和星星也有自己独特的价值：小草可以衬托绿叶，星星可以点缀夜空，他们同样是伟大的，不可或缺的。由此可见，我们要善于发现自己的价值，多一份自信和自我欣赏。

刘岩是中国最优秀的青年舞蹈家，2007 年她代表中国参加首届亚洲青年艺术节舞蹈比赛获得金奖第一名。2008 年她担任奥运会开幕式中唯一独舞《丝路》的 A 角演员，后在奥运会彩排时颈椎受伤高位截瘫。受伤后，她成为北京舞蹈学院的一名教师，她说：虽然我的腿和脚无法跳动，但我的手是健康的，我同样可以用手舞蹈。因此，她不仅开创了用"手舞"的先河，而且从理论的角度进行了研究，开设了一门"中国古典舞手部动作与印度古典舞手部动作比较研究"课程。2010 年她报考了中国艺术研究院舞蹈学专业的博士研究生。读博期间她研究了中国聋人的手语、佛教手印、京剧以及梨园戏等三大体系手部动作，开创了从身体微语言的角度——手部舞蹈研究古典舞的全新方向。

奥运之后的刘岩完成了人生的巨大转变和自我的巨大超越，她从演员转变为学者，从普通教师转变为研究人员。2009 年 3 月，她获得了由第二届“中国演艺名人公众形象满意度调查”公布的“中国年度舞蹈最佳表现女演员”，同年被中国舞蹈家协会授予“爱心大使”称号。

刘岩的事迹告诉我们：人有无限的可能性。只要你找到自己的位置和价值，就能不断创造出人生的辉煌。

3．实现身心灵的统一

从“天人合一”“形神合一”的中国传统观念可以看出：中国文化强调人与自然，人的身体与精神统一于一个系统之中，相生相克，互相协调的理念，这就是身心灵的统一。

现代社会，伴随着经济的高速发展，人们心灵的困惑却越来越严重。因此，我们需要重新审视自己的心灵世界，培育灵性的力量，让自己与天地万物相融合，让身心灵相统一，达到身心和谐、内心清明的境界。

实现了身心灵的统一，你的内心将变得更安宁，更具理性，看世界、对待自己的态度更能超越功利的烦扰；能够更细腻地体会他人的感受，更具同理心；能够用人们喜欢又信任的方式去跟别人互动，赢得别人的好感和尊敬；你的工作将变得更有效率，得到更多成功的机会；你的身体将有更充沛的精力和活力，皮肤也将变得越来越健康、洁净；能够提升你的助人能力，带给周围人正能量。总之，实现身心灵的统一，能够让我们的生命充满能量，生命品质由内而外变得更高、更和谐。

（二）和谐是人生的追求

著名学者季羡林先生曾说过：“和谐是中国传统文化的精髓。”和谐，就是“和睦、相合”的意思，包含了人内心和谐、人与人和谐，人与自然和谐以及人与社会的和谐。和谐是个体人生的追求，家庭幸福的关键，社会安定的前提，国家发展的方向。

那么，如何获得和谐的人生呢？知足常乐，活在当下，进退有道是实现和谐人生的三个支柱。

1. 知足常乐

诺贝尔经济学奖获得者，美国著名经济学家保罗·萨谬尔森曾提出了一个快乐方程式：快乐＝物质/欲望。他说一个人物质消费越大，欲望越小，他的快乐就越大；一个人物质消费越小，欲望越大，他的快乐也就越小。一个人的快乐与他的欲望成反比。这正应了中国的一句古语：知足常乐。

所谓“知足”，就是知道满足。它倡导对一定时段取得的东西要有知足感。著名女作家冰心94岁时写的养生联就是“事因知足心常乐，人到无求品自高”。有知足感，心中自然充满快乐，无过分、非分欲望，自会养成高尚品德。知足常乐，不仅是精神上的一种抚慰和享受，而且会使人从满意和快乐中产生一种新的力量，鼓励人们以愉快的心情去获取新的成功、新的满意和快乐。

“知足常乐”并不是安于现状、不思进取、骄傲自满的人生态度，而是让人们知道什么事可为，什么事不可为；哪些是属于自己的，哪些是身外之物。同时，珍惜自己所拥有的，创造属于自己的快乐和幸福。

2. 活在当下

有个小和尚，每天早上负责清扫寺院里的落叶。在秋冬之际，常刮风，树叶随风飞舞，需要很长时间才能清扫完，这让小和尚很烦恼。后来，有个和尚跟他说：“你在明天打扫前，先用力把落叶都摇下来，那后天就可以不用扫了。”小和尚觉得这是个好办法。于是，第二天他起了个大早，使劲地摇动着树，然后把落叶扫干净，扫完后小和尚很开心。第二天，小和尚到院子里一看，不禁傻眼了：院子里如往日一样飘满了落叶。这时，老和尚走了过来，对小和尚说：“傻孩子，无论你今天怎么用力，明天的落叶还会照常飘下来。”

小和尚的故事告诉我们：世上有很多事是无法提前的，唯有认真地活在当下，才是最真实的人生态度。“活在当下”原是佛教禅宗的一种人生观。它告诉我们要放下过去的烦恼、舍弃未来的忧思，把全部的精力用来承担眼前的这一刻。有人曾经问禅师：“什么是活在当下？”禅师一笑：“吃饭就是吃饭，睡觉就是睡觉，走路就是走路，这就叫活在当下。”

活在当下听起来很简单，实践起来却并不容易。活在过去的成就中，容易使人得意忘形；活在过去的伤害中，容易使人怨天尤人；活在过去的经验中，容易使人固步自封。相反，活在未来的担心焦虑中，容易使人忧愁痛苦，惴惴不安；而活在未来的美好幻想中，容易使人自我陶醉，却步不前。因此，只有把握现在，认真做好每一件事情，才能赢得美好的未来。

当然，活在当下不等于“及时行乐”“今朝有酒今朝醉”“过完今天，不想明天”。不思进取、消极处世的人生态度是对人生的亵渎，也是对生命的浪费。所以，活在当下是一种睿智、宽容的生活方式。当你把握了现在，便意味着你已经放下了以前的过往，也不再为未来而无谓地担心，你在用今天的奋斗创造明天的辉煌！

3．进退有道

在《论语·先进》中，记载了这样一段对话。子贡问孔子：“子张和子夏哪一个更贤能？”孔子说：“子张做事太过分，子夏不够。”子贡说：“那是子张更贤能一些吗？”孔子说：“过分与不够是一样的不好。”

正如孔子说的：过犹不及。面对生活要有舍有得，进退有道。“进”是朝着明确的目标前行；而“退”则是一种生活智慧，是为了“进”积聚能量。圆满的人生境界，就像击剑选手一样，攻守得当，进退自如。当然，怎样进攻，何时退让，其中大有学问。所以，我们必须提升自己的心智，才能真正体会“进退有道”的奥妙所在和无穷妙用。佛学大家星云大师总结出进退有道的四个关键①：

其一，快速而不马虎。我们处在追求“快速”的时代，做任何事都讲究时效、效率。行事有效率当然很好，这是一种“进步”。但是，在追求速度之时，也要能静下心来，仔细规划、考虑，才能免受“马虎”之害。

其二，谨慎而不保守。小心仔细做事，固然不会出错，但过度谨慎，就易趋于保守，往往在该果断时，仍迟疑不决，因而丧失先机。因此，只求不犯错的谨慎，只是有“守”的技术，而缺乏“进”的智慧。

其三，谦虚而不卑贱。谦虚是一种美德，可以帮助我们广纳贤才，积累学识。因此，一个人仅有高视阔步，昂首向前的自信，只是半部“前进”的人生。同时，我们还要有虚怀若谷的情操，懂得低头弯腰，才是完整的人生。当然，谦虚不是卑贱，不能妄自菲薄，更不能奴颜媚骨。在任何时候，都要挺直了做人的脊梁。

其四，礼让而不畏缩。在良好的人际关系中，最讲究的就是礼让。礼让是一种胸怀，一种修养，一种美好的处世态度。但礼让不是畏缩，不是躲避。只知一味礼让，只是“退步”的人生，易流于怯弱；在礼让之下，还要能勇敢向前、有所担当，才是不卑不亢、有进有退的处世之道。

（三）创造是生命的超越

生命是短暂的，在有限的生命中要勇于创造，挖掘潜能，实现价值，尽显生命的魅力。

① 星云大师：《星云大师佛学经典》，香港：明河社出版有限公司，1998 年。

2014年感动中国十大人物黄旭华，被誉为“中国核潜艇之父”。为潜心研制核潜艇，他把家安在了小岛上，隐姓埋名30年，父亲临终时也不知他是干什么的，母亲从63岁盼到93岁才见到儿子一面。为了艇上千万台设备，上百公里长的电缆、管道，他要联络全国24个省市的2000多家科研单位，工程复杂。那时没有计算机，他和同事用算盘和计算尺演算出成千上万个数据。在这种艰苦的条件下，1964年黄旭华带领他的团队研制出我国第一艘核潜艇，使中国成为世界上第五个拥有核潜艇的国家。1988年黄旭华亲自下潜300米，是世界上核潜艇总设计师亲自下水做深潜试验的第一人。在感动中国的颁奖礼上，人们这样评价他：你的人生，正如深海中的潜艇，无声，但有无穷的力量。

黄旭华的人生价值在于他带领团队研制出我国第一艘核潜艇，既实现了我国核潜艇零的突破，也完成对自身价值的超越。

1. 实现价值

生命的意义在于实现人生价值。然而，如何才能实现自己的人生价值呢？这是古今中外的哲学家一直探讨的哲学命题，同时，它也是一个现实课题。

何国英是广西大学动物科技学院的一名普通学生，但是普通的她却有着不普通的经历。上大二时，她被诊断为直肠癌，并经历了两次大手术和数十次化疗。但是，即使是被病痛无情地折磨，她也从来没有放弃过自己的学业。身体稍有好转，她就捧起课本补习功课。她不但和其他同学一道正常完成学业，还和指导老师共同完成了两篇高质量的论文。在完成论文的过程中，她的病情加重了。2005年6月10日，在何国英的一再坚持下，她来到了学校进行毕业论文答辩。评委老师一致认为，她的论文设计合理，有较高的学术价值和应用价值，总评分优秀。1个月零4天后，她安静地离开人世。大爱无欲。在她的遗书中有如下内容：财产3000元，一部分给父母，一部分捐给失学儿童；内脏器官如果能用，就捐给医学试验。

何国英的生命虽然是短暂的，但是这短暂的生命却诠释了她的顽强、拼搏、坚韧、无私和对理想孜孜以求的崇高精神，这是她留给社会的宝贵的精神财富。她短暂的一生早已超越了生命的存在，最大限度地实现了她的人生价值。

卢梭说过：人的价值，是由自己决定的。文凭、权力、地位、金钱都不能作为衡量人价值的尺度。一个人如果心中只有自己，活着只为满足自己的欲望，没有给他人和社会创造什么价值与财富，那么，他生命的结束就是他一切的终结。而当一个人将自己的生命同他人、集体和社会联系起来，不仅为一个人活着，而且能为他人和社会的发展创造财富，做出贡献，这样他有限的生命就与无限的人类发展融为一体，具有不朽的价值。因此，人生的价值不在于轰轰烈烈地干一番事业，而在于在平凡中做出不平凡的业绩。

2. 激发潜能

刘伟曾经的梦想是当一名足球运动员，但10岁时的触电事故，让他失去了双臂，也剥夺了他在绿茵场奔跑的权利。刘伟一直对体育念念不忘，足球不行，那就改学游泳。12岁那年，他进入北京残疾人游泳队，两年后在全国残疾人游泳锦标赛上夺得两金一银。刘伟重新许下了梦想：在2008年的残奥会上拿一枚金牌。谁知厄运又来纠缠，过度的体能消耗导致免疫力下降，他患上了过敏性紫癜。医生警告说，必须停止训练，否则危及生命。无奈之下，刘伟只能放弃游泳。

失去双臂，不能游泳，坚强的刘伟决定再次挑战自己的人生：他要用脚来“弹钢琴”。练琴的艰辛超乎了常人的想象，由于大脚趾比琴键宽，按下去会有连音，并且脚趾无法像手指那样张开弹琴，但刘伟硬是琢磨出一套“双脚弹钢琴”的方法。每天七八个小时，练得腰酸背疼，双脚抽筋，脚趾磨出了血泡。三年后，刘伟的钢琴水平达到了专业七级。从《中国达人秀》的舞台到维也纳金色大厅，每一次演出都让人感受到他是当之无愧的生命强者，奏出了生命最强音。

从失去双臂的孩子，到残疾人游泳冠军，再到维也纳金色大厅的双脚钢琴演奏家，刘伟用他的经历，向我们展现了他无穷的潜能。人生的磨难和挫折并没有打败他，反而成为他潜能激发的动力，为他的人生打开了新的道路。

人的潜能犹如待开发的金矿，蕴藏无穷，价值无限，而我们每个人都有一座巨大的潜能金矿。激发潜能首先需要梦想作为指引，有梦想，潜能才有开发的方向；激发潜能还需要不断实践，只有在实践中勇于克服困难，战胜挫折，才能释放生命的潜能，达到超凡的境界。

3. 超越自我

如前所述，我们每个人都是一座宝藏，蕴藏着巨大的价值和无数的可能性。但是，受现实因素的影响和自我设限的制约，我们每个人又都表现出较大的局限性，需要不断地突破自我，超越自我。

要超越自我，首先就要正确认识自我，这样才知道自己的优势和短板在哪里，自己可以在哪些方面突破自己，做出改变。我们对自己的认识越全面、越准确，越能实现对自我的超越。

其次，我们要相信自己有不断完善自我的能力。每个人都有自己的天赋和才能，都有自己的独特之处。我们可以通过参加各种社会活动以及社会实践来发现自己的才能，从而在自己擅长的领域去发展自己的潜能，追求更好更高的自我。

最后，超越自我还要有承受痛苦的心理准备。超越自我是一种自我否定，是一种人生蜕变，需要我们有否定自我的勇气和超越自我的信念，需要我们付出艰辛的努力，承受痛苦的考验，这样才能在反复磨炼中塑造“新我”，才能从“小我”走向“大我”，从“昨天之我”向“今日之我”“明日之我”迈进。从而，实现人生的价值，创造生命的辉煌！

第三章 生命因他人而精彩
——构建和谐的人际关系

人生最大的财富便是人际关系，因为它能为你开启所需能力的每一道门，让你不断地成长，不断地贡献社会。

——安东尼·罗宾

在自然界中，存在着一种奇妙的共生效应。一株植物单独生长时，往往植株矮小，长势较弱，缺乏旺盛的生命力；而众多植物在一起生长时，却能生长得郁郁葱葱，挺拔茂盛。人类社会也是如此。人是一种社会性动物，从呱呱坠地开始，便无法脱离群体而独自生存。人需要和其他人进行社会交往，形成各种人际关系。良好的人际关系让人享受到尊重和爱的滋养，成为激发个体内在潜能的巨大动力，帮助个体在自我实现的道路上不断绽放旺盛的生命力。同样，一个拥有融洽人际关系的团队，会因人心所向产生强大的群体合力，激发团队创新意识，提高团队的工作效率。和谐的人际关系可以使个体的涓涓细流汇成万马奔腾般的巨浪，实现奔流到海的梦想，让人生拥有波澜壮阔的美丽，跌宕起伏的精彩。

一、独木难成林——人际关系的作用

有一天，一只老青蛙遇见一只老蜘蛛，便大吐苦水："我自蝌蚪时代开始，便辛勤劳作，每日汗流浃背，方能勉强糊

口。现我年近黄昏，正在丧失劳动力，等待我的命运只能是饥饿而死。而你，我从来没见你劳作过，却衣食丰足。就是现在老了，你仍不愁吃喝，自有投网者，送来美味佳肴。唉，不是说‘天道酬勤’吗？这世道，真不公平啊！”

老蜘蛛回答：“你说我没劳作，这不对。想当年，我刚离家独立，每天熬着筋骨，饿着体肤，日复一日地织成这张网，好不容易生活才有了依靠。即使到现在，我还要随时修补网上的破洞。你之所以生活艰辛，是因为你是靠四条腿生活，而我是靠一张网在生活。现在我虽然年事已高，但只要有网就不愁生活。”

听了这个故事，你是要做青蛙还是要做蜘蛛呢？青蛙依靠自身的力量辛苦劳作一生，老年却没有生活保障；而蜘蛛借用网络的资源，却可以安享晚年。我们人类何尝不是如此，织一张鱼网，可以收获鱼儿满仓的喜悦；织一张通讯网，可以缩短天涯海角的距离；织一张因特网，可以让世界变成地球村；织一张人际关系网，可以拥有宝贵的人际资源，实现个人力量无法实现的梦想，在社会中赢得更好的发展。你拥有自己的人际关系网络吗？人际关系对我们的幸福和谐及人生发展有什么样的作用呢？

（一）人际关系是人基本的社会需求

人是一种社会性动物，不可能脱离人际关系而生存。在远古时代，人类的祖先古猿为了在危机四伏的自然界中获得生存，必须采取集体行动，依靠群体的力量抵御外敌的侵害，保持种族的繁衍。后来，经过了漫长的进化和演变过程，人际关系作为人类生存和适应社会生活的必需条件，通过遗传的形式传递给后代。可以说，人际关系对于人类而言具有本能的意义。

如果你曾经接触过婴儿，你会发现，虽然他们还不会说话，但他们已经开始用眼神、肢体动作、表情等与你交流，并对你的反应给予回应，乐此不疲。在文学巨作《鲁滨逊漂流记》中也可以看到，土著人“星期五”没有文化，很难与人交流，但是即便这样，他的陪伴对于流落荒岛的鲁滨逊而言，已是弥足珍贵了。

古希腊哲学家亚里士多德曾经说过：“一个生活在社会之外的人，不与人发生任何关系，不是动物就是神。”人们只要在社会上生存和发展，就不可能不和他人进行社会交往，形成各种人际关系。人本主义心理学家马斯洛认为，人的需要包括五个层次，由低级到高级分别是：生理需要、安全需要、归属和爱的需要、尊重需要与自我实现需要。其中，生理需要、安全需要、归属和爱需要、尊重需要属于基本的缺失需要，是推动人们行动的强大动力。如果这些需要得不到满足，人类的生存就成了问题。试想，这几种缺失需要，哪一种离得开人际关系呢？生理需要中食物的取得、性的需求等离不开人际关系；安全需要、归属和爱、尊重需要的满足，同样离不开人际关系，离开了人际关系，个体将因丧失安全感而失去身心健康。

（二）人际关系影响身体健康

美国密执安大学的考斯教授曾说过“社会关系差对健康的影响比吸烟、高血压和肥胖更严重”。很多研究表明，人际关系失调会伴随着紧张、激动、恼怒、委屈、忧伤、自责等情绪的变化，均会导致神经系统的一系列反应，进而影响机体的正常生理过程，降低人体的免疫功能，发生各种疾病。

1965年，有研究者在加利福尼亚州对2229名男性和2496名女性进行了社会关系和身体健康之间关系的研究。研究者在了解了他们的婚姻关系、家庭朋友关系、一同做礼拜的教友关系和其他一些组织关系后，预测了他们在未来9年内的死亡率。结果发现，那些社会联系较少的人，在未来9年内由于患上了缺血性心脏病、癌症、脑中风、循环系统疾病或其他有死亡风险的疾病，死亡率是正常人的2倍以上。

可见，长期缺乏社会接触和人际交往的人，会经常陷于孤独和寂寞情绪中，缺乏可以依附的亲密关系，也体验不到融入集体的归属感，成功时没有朋友来分享快乐，悲观、抑郁时也得不到他人的理解与支持。久而久之，生理和心理功能会发生异常，导致各种疾病的发生。

1997年，科恩及同事做了一个有趣的实验，研究“社会交往对感冒的易感性的影响”。他们通过报纸广告招募了276个志愿者，年龄为18－55岁，其中男性125人、女性151人。事先的医学检查表明，这些志愿者没有任何精神疾病史和哮喘、心血管等躯体疾病。研究者调查了这些志愿者与配偶、父母、孩子、邻居、同事等12种人际关系的人际交往密切程度，并让志愿者们接触各种普通感冒病毒或流行性感冒病毒。结果发现，一个人的社会交往越广泛，就越有可能保持积极的情绪，从而提高人的免疫功能，降低对感冒等感染性疾病的易感性。这些研究结果给了我们很大的启发，为了保持身体健康，我们要积极与人交往，努力提高自己的社会交往能力，感受人与人之间心灵相通的默契，分享彼此的祝福与关怀。

（三）人际关系影响心理健康

随着社会经济的飞速发展，人们的收入及生活水平也在不断提高。然而，很多研究发现，人们的幸福指数并没有随着收入的增加呈现上升趋势。心理学家艾德·迪纳和马丁·塞利格曼在对大学生的幸福感研究中发现，主观幸福感得分高的大学生都有着非常好的人际关系。人们在自己的人际关系网中，通过彼此之间的联系和积极互动，体验到关心、爱、尊重、真诚、理解、共鸣等积极情绪，从而感受到生活幸福且富有意义。

同时，拥有和谐人际关系的人，会因拥有稳固的社会支持，内心充满安全感和归属感，而减少心理疾病的发生。

布朗（Brown，1978）在伦敦南部调查了458名妇女，其中114名是精神病患者。研究者对她们过去所经历的生活事件，她们的紧张、焦虑体验以及受到社会支持的程度进行了调查，结果发现，经过这些生活事件的紧张刺激后，在那些没有得到丈夫支持的妇女中，有41%患上了抑郁症；而得到丈夫支持的妇女中，只有10%患上抑郁症。

良好的人际关系还可以优化人的性格。生活中我们经常见到这样的现象，一个害羞、内向、孤僻的人，由于有意识地锻炼自己，经常参加集体活动，性格会变得逐渐开朗、活泼、乐观起来。在人际交往中，人们可以从他人的鼓励和欣赏中了解自己，发现自己的长处，还可以在付出关心和爱的同时收获自我价值感，享受被需要的快乐。时间久了，性格中一些不足的成分会在和谐的人际关系氛围中受到感染，从而不断完善自己的性格。

（四）人际关系影响自我的发展

美国成功学大师卡耐基经过长期研究，得出结论：一个人成功的因素，15%取决于个人的技术、能力、经验等因素，85%取决于拥有良好的人际关系。可见，和谐的人际关系、广阔的人际资源犹如空气之于人、水之于鱼一样，对每个人的成长与发展有着非常重要的作用。

良好的人际关系为我们提供了丰富的人际资源。在人与人的良性互动和友好交流中，我们可以充分地展示自我，塑造健康的人格；可以组织、协调各方面的力量，利用团队的优质资源，为自己搭建广阔的自我发展平台；还可获得更多与人合作的机会，在团队成员的思维碰撞中，激荡出创造性的火花，让自己的才能得以充分发挥，抱负得以实现。

此外，人际资源不仅仅指在人际关系中得到的支持与合作，人际环境中所提供的竞争也会促使个人的自我发展。下面的故事《生命的林子》也阐述了人际资源和人际环境对个人自我发展的重要性。

据说唐玄奘剃度之初，在法门寺修行。法门寺是个香火鼎盛、香客络绎不绝的名寺，每天晨钟暮鼓、香客如流。玄奘想静下心神，潜心修身，但法门寺法事应酬太繁，自己虽青灯黄卷苦苦习经多年，但谈经论道起来，远不如寺里的僧人。有人劝玄奘说："法门寺是个誉满天下的名寺，水深龙多，纳集了天下的许多名僧，你若想在僧侣中出人头地，不如到一些偏僻小寺中阅经读卷，这样，你的才华便很快显露了。"玄奘思忖良久，觉得这话很对，便决定辞别师父，离开这吵吵嚷嚷、高僧济济的法门寺，寻一个偏僻冷落的深山寺去。

于是玄奘就打点了经卷、包裹，去向方丈辞行。方丈明白玄奘的意图后，问玄奘："烛光和太阳哪个更亮些？"玄奘说当然是太阳了。方丈说："你愿意做烛光还是太阳呢？"玄奘认真思忖了很久，郑重地回答说："我愿意做太阳！"于是方丈微微一笑说："我们到寺后的林子去走走吧。"法门寺后是一片郁郁葱葱的森林。方丈将玄奘带到不远处的一个山头上，这座山头上树木稀疏，只有一些灌木和零星的三两棵松树。方丈指着其中最大的一棵说："这棵树是这里最大最高的，可它能做什么呢？"玄奘围着树看了看，这棵松树乱枝纵横，树干又短又扭曲，玄奘说："它只能做煮粥的薪柴。"方丈又信步带玄奘到那一片郁郁葱葱、密密匝匝的林子中去，林子遮天蔽日，棵棵松树秀欣、挺拔。方丈问玄奘说："为什么这里的松树每一棵都这么修长、挺直呢？"

玄奘说："都是为了争着天上的阳光吧。"方丈郑重地说："这些树就像芸芸众生啊。它们长在一起，就是一个群体，为了一缕阳光，为了一滴雨露，它们都奋力向上生长，于是它们棵棵可能成为栋梁，而那远离群体零零星星的三两棵，一团一团的阳光是它们的，许许多多的雨露是它们的，在灌木中它们鹤立鸡群，没有树和它们竞争，所以，它们就成了薪柴啊。"

玄奘听了，便明白了。玄奘惭愧地说："法门寺就是这一片莽莽苍苍的大林子，而山野小寺就是那棵远离树林的树了。方丈，我不会离开法门寺了！"

在法门寺这片"森林"里，玄奘苦心潜修，后来，成为一代名僧，他的枝叶不仅穿过云层，伸进了天空，而且承接了西天辉煌的佛光。

俗话说：单丝难成线，独木难成林。在《生命的林子》这个故事中，大片松树在不太理想的生存条件下，努力拼搏，不断向上争取洒满阳光的广阔天空，才造就了一棵棵参天大树；而山上的三两棵松树，在阳光雨露资源独享的优越条件下，却失去了成长的动力，成为煮粥的薪柴。人不也是如此吗？自然界的共生关系在人类社会同样适用。玄奘正是在高手云集的法门寺修行，才会在竞争中不断锤炼自己，及时发现自己的不足和努力的方向；才会在合作中不断学习高手的技能，明确自己的远大志向，成就一代宗师的宏愿。

读了上面的故事，请认真想一想，你有自己的生命之林吗？如果你是一个有能力的人，你是愿意在团队中鹤立鸡群、孤芳自赏，还是多和优秀的人交往，产生共生效应，激发自己的才能和创造力，不断自我成长呢？

（五）人际关系影响团队凝聚力

你见过海边的螃蟹爬往堤岸的有趣景象吗？几只螃蟹从海里游到岸边，其中一只羡慕外面的风景，于是努力地向堤岸爬。然而，无论它怎样执着、坚毅，却始终爬不到岸上去。原因很好笑：它的同伴不允许它爬上去。一旦它爬离水面，被同伴发现有上岸的企图时，其他的螃蟹就会一涌而上，争相拖住它的后腿，把它重新拖回到海里。人们也偶尔会看到一些爬上岸的海螃蟹，但不用说，它们一定是单独行动才上来的。这种景象和人类社会中的某些团队非常相似，"木秀于林，风必摧之"，团队成员互相嫉妒、诽谤，只顾自己的利益，不考虑他人，也感受不到归属感和集体的温暖。没有形成互相学习、互相帮助的团体氛围，势必会造成团队工作效率的下降，其发展的前景岌岌可危。

没有任何一种力量能够比得上团结所产生的合力。古希腊的诗人荷马曾说过：最弱者的力量如果联合起来，也是非同小可的。弱小的沙鼠在沙漠中生动地阐释了团结与合作的力量。

埃及著名探险家艾哈迈德·侯赛因在回忆录里谈到，在沙漠里，对旅行者来说最可怕的不是狡猾的荒漠豹，不是凶猛的非洲隼，而是成群结队、铺天盖地而来的沙鼠。因为沙鼠有着细致的分工和惊人的合作能力，所过之处，沙漠中的动物立即变为堆堆白骨，绿洲在顷刻之间变成一片荒芜……

此外，英国卡文迪许实验室享誉世界的口碑也是团体合力的一个有力例证。实验室的成员们培养了密切合作的团体氛围，充分利用团体的力量，发挥了共生效应的积极作用。自 1901 年起，在 80 年的时间内，实验室先后成就了大批科学家，其中有 25 位荣获诺贝尔奖。实验室也因此名声大振，成为各国莘莘学子向往的科学“圣地”。

人际关系理论也说明了人际关系对工作效率的影响。哈佛大学的心理学专家梅奥曾与助手们应邀到霍桑工厂开展实验研究，探究工厂生产效率低下的原因。梅奥等人选择了 14 名男工人，在单独的房间里从事绕线、焊接和检验工作。为了提高工作效率，他们对这个班组实行特殊的工人计件工资制度，根据产量的多少给予不同额度的奖励。实验者原来的假设是，为了得到更多的报酬，工人们会更加努力工作，工作效率因而有所提高。但研究结果并非如此：每个工人的日产量平均都差不多，整体的产量只维持在中等水平。

这是为什么呢？梅奥等研究者进行了深入的调查。结果发现，参加实验的小组成员在工作中形成了某种默契：谁也不能干得太多，突出表现自己，以免产量提高导致管理者改变现行的奖励制度，或裁减人员使部分工人失业，或惩罚干得慢的伙伴；当然，每个人也不能干得太少，以免影响全组的产量。因此，小组维持中等水平的产量不足为奇。

在另一个实验中，梅奥等研究者对两万多人次进行了态度调查。他们耐心倾听了工人的意见和牢骚，并作了详细记录，对工人的情况深表同情。这些做法缓解了工人与管理者之间的矛盾冲突，改善了其人际关系，结果产量大幅度提高。

通过上面的实验，你可以得到什么启示呢?

以往管理理论把人假设为“经济人”，认为金钱是刺激人的积极性的唯一动力，而认为管理者对下属的关心以及良好的人际沟通并没有那么重要。然而，这次实验改变了人们的看法。在此基础上，梅奥等人创立了人际关系理论，将对人的认识由“经济人”转化为“社会人”，即人不是孤立存在的经济人，只知道追求物质和金钱的享受。为了维护小组内部的团结，他们甚至可以放弃物质利益的引诱；人是处于一定社会关系中的成员，有着安全感、归属感、爱、友谊等心理需求。这些需求得到了满足，才会提高人们的积极性、主动性和协作精神，因而提高团队的生产效率。

总之，良好的人际关系能促进与加强团队团结，增强群体的凝聚力，创造健康向上的团体氛围，增进群体成员之间的合作，从而发挥出群体的整体效能，有效地提高工作效率。

二、同舟要共济——人际关系的原则

和谐的人际关系是一笔宝贵的财富。那么，我们怎样才能拥有这笔财富呢?心理学家提出了帮助人们赢得友谊、和谐交往的基本原则。

（一）平等原则

世界著名的文学家萧伯纳曾讲过自己的一次亲身经历，来警示自己和他人，在人与人交往过程中要坚持平等的原则。

萧伯纳去苏联访问期间，在街头遇见一位聪明伶俐的小姑娘，就和她玩了起来。到了说再见的时候，萧伯纳为了让小姑娘更高兴，就对她说道："回去告诉你妈妈，今天和你玩的是世界有名的作家萧伯纳。"不料，那位小姑娘竟学着萧伯纳的语气说："你回去告诉你妈妈，今天和你玩的是苏联小姑娘苏珊娜。"这件事给萧伯纳极大的震动，他感慨地说："一个人不论他有多大的成就，他对任何人都应该平等相待。"

在这个世界上，我们生来就背负着太多的不平等。每个人的才智、文化、容貌、教育水平、成长环境有着各种差异：有人天生智力超群，有人生性愚钝；有人容貌可人，追求者甚多，有人因存在某种缺陷而陷于深深的自卑；有人生于富贵之家，拥有良好的生活与教育环境，有人家境贫寒，每日为生存状况担忧……尽管如此，每个人在人格上都是平等的，没有人喜欢和那些趾高气扬的人交往。既使两人做了朋友，如果发现没有在平等的地位上交流时，彼此之间的友谊就会中断。

在人际交往中，存在着很多不平等的交往现象。有的人总喜欢处于人际交往的中心位置，自认为高人一等，毫不在意别人的反应和感受，对于别人的帮助和支持也认为理所当然，久而久之，很容易被其他人孤立和排斥；有的人在交往中充满自卑，总是认为自己不如别人，担心被人看不起，在交往中会去讨好他人，以换得大家的认可，结果却事与愿违，很难拥有真正的朋友；有的人因掌握一定的社会资源而受到很多人的追捧，在有求于他的人群中体验众星捧月的满足感，但是却很难感受到真诚的支持和关怀，将来不免陷于人走茶凉的伤感中；还有的人自身条件较为优越，很愿意帮助那些生活在困境中的人们。但是，令他们不解的是，一味的助人行为反而失去了身边的朋友。他们不知道，在人际交往中，如果一方总是一味地提供帮助和馈赠，会让接受者的内心因感受到欠人情的歉疚而产生心理不平衡，也会阻碍人际关系的发展。在这些人际交往中，人际关系难以维系的重要原因就是忽视了人与人之间的平等。

一个在柏林饱受歧视的波兰学生曾去拜访爱因斯坦，请爱因斯坦为他写一封推荐信，使他能够顺利地在柏林求学。问清缘由后，爱因斯坦答应了他的请求，为他起草了一份热情洋溢的推荐信。

拿到推荐信之后，满怀感激之情的年轻人又提出了一个请求："能不能给我一张有您签名的相片？"他要永远记住这个慷慨帮助他的名人。

"好的，"爱因斯坦接着说，"但是你也要送我一张有你签名的照片，这样才平等。"

就是这句话，改变了这位青年的一生。拿到推荐信后，年轻人顺利进入了柏林一所名牌学校。他发奋努力，毕业后成为爱因斯坦的得力助手，并且因一篇《麦克斯韦场方程的非线性概括》而扬名天下。他就是后来享誉世界的物理学家英费尔德。

很多年后，英费尔德回忆起这件事，依然泪流满面："他的话使我感到平等并给了我自信，成为我前进的强大动力……尽管当时他穿了一件皱皱巴巴的上衣，裤子上还掉了一个主要的纽扣，但是什么都影响不了我对他的无比崇敬。"

可见，平等对待他人在人际交往中有着重要的作用，甚至可以改变人的一生。平等是依靠互相尊重来实现的，是尊重自我与尊重他人两者的统一。尊重他人就是认可对方的价值，尊重对方的选择，真诚待人，遇事多为对方着想，让对方因自己的肯定和尊重而强化了交往的需要，密切了人际关系。同时，每个人都希望平等地获得别人的尊重，并对尊重自己的人产生亲和感和认同感。正是因为尊重，位居高位的人能以谦和之心待人；为他人提供帮助的人不会自恃有功，傲慢无礼；也正是因为尊重，受人恩惠的人不会谦卑过度，丧失尊严；处于逆境中的人也会恢复自信，唤起对未来的信心和希望。享誉世界的物理学家英费尔德不就是在爱因斯坦的尊重和平等对待下，产生了奋发向上的力量吗？

不仅友情，婚姻也必须建立在平等与尊重的基础之上。夫妻双方都是独立的个体，或许在学识、社会经济地位、家庭背景等方面存在着很多差异，如果没有平等而尊重地对待彼此，则很难形成融洽、持久的婚姻关系。下面的故事形象地阐述了婚姻中尊重与平等的重要性。

一天晚上，皇宫里举行盛大宴会，女王维多利亚忙于接见王孙贵族，却把她的丈夫阿尔倍托冷落在一边。丈夫很生气，就悄悄地回到了卧室。

不一会儿，女王回来敲门，丈夫问："谁?"敲门人大声回答："我是女王!"

门没有开，女王又敲门。房内又问："谁?"女王和气地说："维多利亚!"

可是，门依然紧闭。维多利亚气极了，她想不到以英国女王之尊，竟然敲不开一扇门！她带着愤怒的心情走开了。可是，走了几步，她想了想，又走回去重新敲门。面对丈夫的询问，她温婉地回答："你的妻子。"这时，门开了。

可见，女王的地位无论在国人面前有多么显赫，在丈夫面前却不过是一个妻子而已。希望这个故事能够提醒很多家庭的妻子和丈夫，或许你在单位身居高位，或许妻子或丈夫在很多方面的成就都不及你，但是切记：一定不要将工作中的角色带到家庭中来，而是要有"示弱"的胸襟与智慧，平等尊重地对待对方；对于在家庭中综合实力较弱的一方，要懂得在夫妻各方面实力悬殊的家庭中很难拥有真正的平等和尊重，学会自立自强，不断自我成长，才能拥有一个幸福和谐的家庭。

（二）交互原则

交互原则就是指在人际交往的过程中，要考虑到双方的共同价值和利益，使双方在交往中都能获得好处，以获得心理上的满足和平衡。著名心理学家霍曼斯指出，人际交往本质上是一个社会交换过程。也就是说，人们在交往时都希望得到物质或精神上的满足，如果交往对于自己来说是值得的，如，在人际交往中获得知识，或得到关心、支持、帮助，或是感情有所依托等，就愿意维系这种关系；如果交往对自己不值得，人际关系就会疏远甚至中断。有一则寓言，很好地说明了这个道理。

一猴死，见冥王，求转人身。冥王说："你既要投胎为人，就必须拔尽身上的毛。"说完就让夜叉来拔猴毛。夜叉刚一动手，猴子痛得直叫不干了。冥王不高兴地说："你一毛不拔，也想着要做人？"

可见，一毛不拔的猴子是不配做人的。人们生活在社会群体之中，都渴望与人沟通，渴望从对方那里获得爱、鼓励和启迪，得到力量和慰藉；同时，在人际交往中也会慷慨地施予。如果一味等待他人的理解、支持、关心和帮助，却只索取而不给予，不愿意承担任何责任，还奢谈什么融洽的人际关系呢？

人际交往是一种双向的行为，古人云"来而不往非礼也"，只有双方都能从交往中获得某种需要的满足，才能建立和维系良好的人际关系。当然，我们不能以一种纯功利主义的眼光来看待人际关系和友谊中的交换。每个人在人际交往中得到的回报并不相同，可以是物质的回报，也可以是精神的满足。如，母亲在养育孩子的过程中，孩子点滴的成长就是对母亲的最好回报；帮助他人时，内心所产生的成就感或安宁感就是最好的回报；朋友的爱就是我们付出友谊的回报。古代著名思想家西塞罗说："我以为那些错认为功利是友谊基础的人，实在是遗弃了友谊最可贵的一部分。"诚然，人际交往中的回报是无法用世俗功利的眼光来衡量的，感情也是很难以物质去交换的。

心理学家研究发现，任何人都有保护自己心理平衡的稳定倾向。在人际交往中，一个人的付出要适度，可能得到别人相应的回报；但是如果你对别人过度付出，却可能无法得到别人的回报。

一位女士结婚不久就离婚了，离婚的原因听起来却像天方夜谭。用她丈夫的话说："你对我们太好了！我们都觉得受不了。"原来，这位女士非常喜欢关心照顾别人，也可能是她对别人做事情不放心，凡事儿都要亲力亲为。每天除了正常的工作外，所有的家务，包括买菜、做饭、洗衣服、擦地板等，都由她一人包办，丈夫、公婆绝不能插手。丈夫和公婆觉得像住在别人家里一样，很不自在，好事儿几乎都被她做尽了。久而久之，丈夫及家人对其忍无可忍，终于提出离婚。

在这个家庭中，由于女士付出过多，让其家人感觉无力回报或没有机会回报，甚至会因对家庭没有任何贡献而惴惴不安，缺乏对家庭的归属感和自我价值感，从而产生较大的心理压力，导致人际关系受损。

（三）相容原则

相容指人际交往中的心理相容，即人与人相处时要彼此接纳、包涵、宽容及忍让。在这个世界上，我们找不到两片完全相同的树叶，也找不到两个完全相同的人，人与人之间的性格、爱好、价值观等存在着很大的差异。然而，每个人在内心深处都希望自己被他人接纳，得到他人的理解和支持。

相容就是在人际交往中，看待他人就像欣赏一棵树，花儿不好看，叶子或许翠绿美丽；叶子不好看，枝干或许高大挺拔、遒劲有力；枝干不好看，或许大树生长的位置好，在蓝天的映衬下远远地看去，有生命流畅的美感……以欣赏的态度与人相处，不断发现别人身上的长处，真诚地接纳他人，自然会拥有和谐、融洽的人际关系。

在日常生活中，人们经常会对某个问题各执己见，争得面红耳赤。其实，很多时候，我们如果换一个角度看问题，就会发现对方的可取之处。请仔细观察图3－1，你看到了什么？是老婆婆还是少女？可见，从不同的角度看问题，结果有很大的不同。相容就是在不同观点的碰撞中，以好奇之心站在对方的角度看问题，在人与人之间的差异中收获成长。

图 3－1

相容还是一种胸襟、一种美德。“人非圣贤，孰能无过。”相容就是宽容别人的不足，宽恕他人的错误，给别人机会的同时也就给了自己一个机会。在下面的故事中，男主人公正是由于拥有相容的胸襟，才最终奏响了和谐的生命之歌。

世界上总有一些人的生命中，拥有着一颗硕大而又美丽的珍珠，只因他是一扇能包容的珍珠贝。

她与他从小是邻居，青梅竹马。1947 年，他当兵退役，与已是风景画家的她踏上了结婚的红地毯。1950 年，他获得物理博士学位。1953 年，他受邀加入坐落于美国新泽西州的贝尔实验室。她跟随丈夫一同来到新泽西州。

那段时间，她准备举办首次个人画展，希望他能陪自己到郊外写生。可他太迷恋于正在进行的科研了。面对妻子的央求，他转而委托自己的工作搭档——活泼而浪漫的史密斯博士陪妻子去写生。从此，新泽西州的山山水水间便留下了她与史密斯快乐的身影。

1961 年秋天，她的个人画展在纽约如期举行。画展非常成功，然而庆功会上却不见丈夫的身影，她心情沮丧到了极点。在史密斯的安慰和陪伴下，他们有了越界之事。丈夫知道后，大发雷霆，带着儿子离开了家。他就是美国科学家威拉德·博伊尔，她是美国画家贝蒂。

贝蒂与史密斯意识到他们错了，从此二人不再来往。为了弥补自己的过错，史密斯把全部精力投入到了科研中，1964 年他发明了结型激光器，从此声名大振。然而，想起博伊尔因为自己的伤害而情绪低落，辞职不知去向，他的心中惶恐不安。为了让博伊尔重新振作起来，史密斯对记者"大放厥词"，声称自己在专业领域已没有对手！果然，博伊尔在看了采访报道后，暗暗发誓一定要打败史密斯。1966 年，他与别人合作发明了第一台红宝石连续激光器，引起物理学界的高度重视。

1968 年，饱受情感煎熬的贝蒂病倒了，她患上鞍结节脑膜瘤，生命受到严重威胁。1969 年的春天，她眯缝着视力严重衰退的眼睛，为丈夫画了那幅魁北克星空的画，并附上短信："亲爱的博伊尔，我将不久于人世，希望能见到你最后一面。"

当博伊尔见到瘦骨嶙峋的贝蒂时，积郁与怨恨顿时化作了汹涌的泪水。博伊尔与史密斯重新携手，按照医生的想法及提议，夜以继日地开始研究工作。通过大半年的艰苦攻关，他们发明了一种利用光电效应的即时成像装置。透过这种装置，医生在体外就能非常清晰地看到患者颅内肿瘤的位置。结果，医生不开颅就将贝蒂的脑膜瘤完全摘除了，把她从死亡的边缘拉了回来。

因为这项发明，2009 年 10 月 6 日，瑞典皇家学院将诺贝尔物理学奖授予了博伊尔和史密斯。已退休在家中正与妻子贝蒂喝咖啡的博伊尔接到瑞典皇家学院打来的电话时，当即写了一份致谢词：

"珍珠贝里的沙石会长出不同的珍珠。人生也是一样，同样有创伤与挫折，但总有一些人能长出最大最美的珍珠。人要像珍珠贝一样养成重塑伤口的本事，转化生命的创伤，使它变成美丽的珍珠。受伤的心就是活的珍珠，只要能包容，就能焕发出晶莹的光彩。”

（四）信用原则

信用就是“言必信，行必果”，遵守诺言，说话算数。在人际交往中，信用是产生信任感和安全感的前提。人本主义心理学家马斯洛认为，安全的需要是人最基本的缺失需要，和生理需要一样，是人得以生存和发展的基础。如果人际交往中没有安全感，不可能形成稳定、亲密的人际关系。那么，安全感从何而来？安全感主要来自于对交往对象的信任，而这和交往对象是否一贯诚实守信有着重要关系。

戴维森成立了一家玩具公司，由于资金周转不灵，无奈向一位好友借了 50 万美元，并答应两年后还清。

两年的时间一晃就过去了，戴维森的公司却无法在短时间内还清好友的借款。眼见还钱的日期日益接近，戴维森愁得头发都快白了。他的太太看着十分心疼，便提议让他向朋友求情，宽限几天还钱的日子或是先开张空头支票，等有了钱再赶紧补上。谁知，戴维森非常生气地向太太吼道：“这怎么可能！那我成什么人了？”

经过一夜的反复思考，戴维森忍痛割爱，将别墅以超低的价格出售给可以立即付现款的买主，他们一家人则搬到了远郊的小平房里。戴维森终于在限期之内还清了好友的欠款。

不久，当好友来到戴维森的“新家”时，立刻被眼前的事物所惊呆了。看到戴维森为了按期还款才变得如此时，感动不已。临走时，好友真诚地说：“你这么讲信用，以后有事尽管找我。”

这件事很快传开了，戴维森也以诚信出了名。又过了几年，因一次意外，戴维森的公司再一次陷入了经济危机时，很多朋友都主动向他伸出援助之手，帮他解决重重危机，让他重新迈入了成功企业家的行列。

每当有人问起戴维森的成功经验时，戴维森都会深有感触地说：“是诚信使我获得了财富，获得了成功。”

可见，正是由于戴维森诚实守信，给了朋友们很大的安全感，当他再次处于困境时，大家才纷纷向他伸出援助之手。可以说，信用就是我们在人际交往中的无形名片，是收获信任和友谊的桥梁。一个人可以没有出色的外表、高雅的谈吐，但绝对不能没有诚信。我们要做到诚实守信，首先要从小事做起。如，遵守时间，保守朋友的秘密，不拖延或迟到，遵守约定等都是守信的具体体现。另外，不要轻易许诺，一旦许诺，就要设法实现，以免失信于人。

三、喜欢皆有缘——人际吸引的规律

人际吸引是人际关系中彼此相互欣赏、接纳的亲密倾向，是形成良好人际关系的重要基础。俗话说，“物以类聚，人以群分”，你为什么喜欢与他（她）们在一起？愿意和他（她）成为朋友？这些都不是偶然的，而是有一些规律蕴涵其中，心理学家提出了以下影响人际吸引的因素。

（一）邻近吸引

很多人都相信“千里姻缘一线牵”“咫尺天涯皆有缘”。实际上，大多数人在选择朋友或伴侣的时候，空间距离的远近起到了重要的作用。如，在浪漫爱情中的“青梅竹马”效应，友谊中的“远亲不如近邻”效应，都说明了距离对人际吸引的影响。

1950 年，美国的心理学家费斯汀格与合作者曾做了一个简单而有趣的实验。他们对麻省理工学院 17 栋已婚学生的住宅楼进行了调查：这些楼房每层有 5 个单元住房。住户住进哪个单元完全是随机的。调查的对象是所有住户的女主人。调查问题是：在这个居住区中，经常和你打交道的最亲近的三位邻居是谁？结果发现，居住距离越近的人，交往次数越多，关系越密切。在同一层楼中，和隔壁的邻居交往的几率是41%，和隔一户的邻居交往的几率是22%，和隔三户的邻居交往的几率只有10%。多隔几户，实际距离增加不了多少，但其亲密程度却有很大不同。

以上心理实验表明，随着人们接触次数的增加，熟悉程度逐步提高，吸引力便逐渐产生。因此，在人际交往的过程中，如果你想增强自己的人际吸引力，可以通过各种方式与人接触，除了在现实生活中多与人交往，还可以利用通信工具、网络等现代化方法与人沟通交流，建立起密切的交往关系。

（二）相似吸引

想一想，你有哪些朋友？他们和你有哪些共同之处？社会心理学认为，相似性是人际吸引的重要因素。它包括年龄、性别、职业、经济状况、教育水平、籍贯、兴趣、信念、价值观、态度等因素的相似，其中态度、信念和价值观的相似最有吸引力。

1961年，美国社会心理学家西奥多·纽科姆曾经做了这样一个研究。他招募了17个互不相识的大学新生，测量了他们的人格特点以及对有关社会问题的态度和价值观。然后，将相似的大学生混合安排在几个宿舍里。在接下来的16周时间里，定期测量他们对有关社会问题的看法和态度，并了解他们对宿舍成员的喜欢程度。结果发现，在相处的初期，空间距离决定了大学生彼此之间的吸引力；到了后期，态度、价值观越相似的学生相互间的吸引力越大，要求住在同一宿舍。

可见，人们都愿意和自己相似的人交往。在交往中，我们要善于发现与对方的相似之处，这样会更容易找到共同语言，感受彼此的支持、肯定与接纳，从而提升自我价值感和归属感，形成较紧密、和谐的人际关系。

（三）互补吸引

在日常生活中，我们经常可以看到这样的现象：脾气急躁的人和慢条斯理的人相处融洽；活泼开朗的人和沉默寡言的人在一起很开心；主动、外向和被动、内向的人成为好朋友，甚至发展成终身伴侣。这都是人际交往中的互补吸引现象。当交往双方的需要、角色或人格特征正好呈互补关系时，彼此将产生强烈的吸引力，从而使双方的关系更加密切。

心理学家克克霍夫对处于恋爱中的大学生们进行了研究，了解哪些因素影响了他们之间的相互吸引。结果发现：在初始阶段，他们的外貌、空间距离以及经济地位、文化背景、学历、职业等因素是产生彼此相互吸引的重要原因；随着交往的进行，两个人的态度、信仰及价值观等方面的相似显得尤为重要；等关系进展到友谊和婚姻阶段时，双方在人格特质和相互需求上的互补，则具有非常重要的作用。

恋爱关系如此，友谊同样如此。我国古代成语“刚柔相济”“郎才女貌”等也反映了人际交往中的互补吸引。了解了互补吸引规律，有助于我们在人际交往中发现彼此的不同，从而在互补中学习他人的长处。

（四）外貌吸引

亚里士多德曾经说过：美丽比一封介绍信更具有推荐力。“爱美之心，人皆有之”，在其他条件相等的情况下，人们更喜欢那些外貌漂亮的人。外貌美会给人赏心悦目的享受，使人感到轻松愉快。外貌美还可以产生光环效应，人们会认为外表美丽的人也具有其他优良品质，很容易在人际交往中“以貌取人”。此外，漂亮还具有“辐射作用”，人们会认为，当别人看到自己和特别漂亮的人在一起，能提高自己的大众形象，就好像对方的光环笼罩着自己一样。

心理学家赛格尔和奥斯特夫曾经做过这样一个实验：安排两个人试

做法官，给他们一些案例材料，并附有罪犯的照片。有的照片漂亮，有的不漂亮。“法官”审理后的判决让人震惊不安：对有同等罪行的盗窃犯，外貌漂亮的要比外貌不漂亮的少判三年。看来，法官在公正执法时，也难逃脱外貌光环效应的影响。

在人际交往中，人们看到相貌出众的人不需要付出什么努力，就可以轻松达到自己的目标，难免会心生不平。其实，外貌并不是万能的。随着人际交往的不断深入，外貌的作用则不断减弱，人们更注重其道德品质方面的特征。而且，外貌不仅指天生的容貌，还指个人的精神风貌、仪表和风度。如果天生的面容不美丽，还可以通过合体的着装、高雅的气质、积极向上的精神状态来增强自己的人际吸引力。

（五）人格吸引

人格包括人的能力、性格、气质等，都会对人际关系的建立与维持产生影响。

能力对人际关系的影响较为复杂。一方面，人们比较喜欢聪明能干的人，与这样的人交往，可以获得自我成长的机会；另一方面，一个才华卓越的人，会让周围的人感觉可望而不可及，从而产生心理压力，敬而远之。但是，如果有才能的人偶尔犯点错误，在人们心中就会走下神坛，反而增强了自己的人际吸引力。

在一次激烈的辩论赛上，有下面四位选手。你对谁印象最好？

A. 能力出众，且没有任何纰漏。

B. 能力出众，但是在快结束时失手打翻了一杯咖啡。

C. 表现平庸，但也没有什么差错。

D. 表现平庸，但是在快结束时失手打翻了一杯咖啡。

你会选择谁呢？在你周围有没有这样的人：才华横溢，无论在工作还是生活中都是别人的完美典范，让人望尘莫及，从而获得周围人的一片赞叹声。但是，在私下里却没有几个要好的朋友，他的存在会让周围人的生活充满焦虑和压力，你也会对他敬而远之，有这样的人吗？他像不像上面的A？

这个选择题是著名的社会心理学家阿诺森曾经做过的一个社会心理学实验。结果发现，那位有能力但打翻了咖啡的选手B最受喜爱，而表现平庸也打翻了咖啡的人最不受喜爱。这说明，才能平庸者固然不会受人倾慕，而完美型的人也未必讨人喜欢，最讨人喜欢的是有才能却带有小缺点的人。

个性品质在人际交往中也起着非常重要的作用。真诚是人与人交往过程中必须具有的品质；热情、诚恳、坦率、自信等性格特征的人更容易得到他人的喜爱；而冷漠、封闭、虚伪、自卑的人则容易被人疏远。或许，我们不善言谈，也没有高超的人际交往技巧，但是，只要我们拥有积极的个性品质，就会在人际交往中赢得健康、和谐的人际关系。

四、社交百事通——人际交往的技巧

和谐融洽的人际关系是幸福人生的基础，而人际交往能力是通往和谐关系的桥梁。那么，如何提升人际交往能力，培养交往技巧呢？

（一）善于倾听

在当今社会，随着生活节奏不断加快，人们在工作和生活中感受到越来越大的压力和孤独感。在人际交往中，每个人都期待得到对方的尊重和支持，在良好的沟通氛围中放松心情，缓解压力，感受温暖；每个人的内心深处都渴望得到他人的关注和认同。而积极、关注地倾听是人际交往中表达尊重、关怀、认可和爱的重要方式。

有一次，一位汽车推销员向顾客推荐一种新型车。他详细地介绍了车子的性能和优点。客人很满意，准备办理购买手续。然而，从展厅到办公室，短短几分钟后，客人的脸色却越来越难看，突然决定不买了，眼看就要成交的生意就这样黄了。

这位顾客为什么突然变卦？晚上，推销员辗转反侧，不能入眠。他百思不得其解，忍不住给那位顾客拨了电话，询问原因。顾客告诉他："你今天根本没用心听我说话。我谈到我儿子考上了一所名牌大学，他对车的喜爱和对将来的抱负，我以他为荣。可你总是打断我的话，一味强调：车子、车子、车子！你根本不在乎我说什么，而只顾推销那辆汽车。谁愿意从一个不尊重自己的人那里买东西呢？"

这位推销员恍然大悟。从此，他引以为戒，外出推销不仅带上自己的"嘴巴"，更带上自己的"耳朵"，带上感情、带上爱心。

故事中的推销员因不善于倾听而错失了一次机会。倾听是一门艺术，是一种生动的沉默。倾听时需要注意力集中，表情自然，经常与对方的目光交流，并适当地点头，或用微笑来表示你很愿意听；要让对方把话说完，不要中途打断。听后如有疑问，也可以提出一些问题，这样，对方会感到你对他的话很重视，才会更有信心地讲下去。如，你可以问：

我听到你说……对不对？

我对你的想法感到很好奇。你为什么觉得……

你说的很有趣，我想知道……

你对……有什么看法？

倾听是一种尊重，也是一种美德。倾听是一种尊重他人的表现，更反映着一个人的文化内涵，表现出一个人的素养与风度。学会倾听，不仅可以让你获取更多的信息，更重要的是，还可以帮助你站在对方的角度上进行思考，更多地了解他人，与对方进行积极互动，从而赢得别人的友谊和尊重。

（二）学会表达

在人际交往中，除了倾听，还要学会使用言语或非言语的方式来表达自己的情感和态度。在言语表达中，说话的语气要温和、自信而有力；语速适中，既不要喋喋不休，也不要沉默寡言。

非言语表达指通过眼神、姿态、表情、动作等表达自己的思想和情感。心理学家研究发现，人使用身体语言可以表达70%以上的信息。在人际沟通中，重要的不是你说了什么，而是你的神态、语气和动作传递了什么信息。同样的一句话，用不同的语调说出会有不同的效果。因此，在人际沟通中，不仅要学会使用语言表达自己，还要学会运用非语言信息，面带微笑，传递自己的真诚与善意。

在人际沟通中，除了要注意以上的表达方式，我们要表达的内容有哪些呢？

第一，表达认同。认同是接纳的基础，是一种基本的沟通技巧，是指站在对方的角度，对对方的处境、想法等表示认可、同意或理解等行为。人们总是喜欢那些经历和看法与自己一致的人，喜欢自我价值被肯定的感觉。认同能让对方感觉舒服，并增强对我们的信任感。要学会表达认同，可以练习使用下面的语句：

是的……

没错儿……

我也一样……

我有过和您同样的经历……

我发现您讲得很有道理……

一开始我也像您这样认为……

在人际沟通中，当你使用这些表示认同的语句，不断点头的时候，对方会跟着你不断点头，你会更深刻地体验到：只有认同别人才能肯定自己。

第二，表达赞美。赞美是人际沟通的润滑剂。卡耐基有句名言：人类行为有一个绝对重要的定律，就是永远使对方感觉重要。一种打动人心弦的切实方法就是巧妙使对方明白，你承认他的重要，并且真诚地赞赏他。

卡耐基到邮局去寄一封挂号信，当时人很多。他发现那位负责邮寄的职员对自己的工作很不耐烦，或许他今天碰到了什么不愉快的事情，也许他已经厌倦了这种单调重复的工作。卡耐基心想：“我今天要说一些让他高兴的话。他有什么地方值得我欣赏呢？”他稍加用心观察，立即在他身上看到了值得欣赏的一点。

当轮到卡耐基办理邮寄业务的时候，他真诚地对那位职员说：“我特别希望有您这种头发。”职员抬起头，有点惊讶，他的脸上慢慢露出了微笑。“嘿，不像以前那么好看了，”他谦虚地回答。卡耐基告诉他：“虽然你的头发失去了一点原有的光泽，但仍然很好看。”职员高兴极了，愉快地和卡耐基交谈了起来，他说的最后一句话是：“相当多的人称赞过我的头发。”

在每个人的内心深处，都渴望被认同、被接纳、被欣赏，渴望得到别人的赞美。真诚地赞美别人，体现了对人的尊重、期望与信任，会增强人与人之间的情感交流，对鼓励人们奋发向上具有积极的作用。在上面的故事中，卡耐基的赞美让邮政职员原来不耐烦的情绪荡然无存，开始面带微笑地交流起来。赞美他人时要注意些什么呢？

第三，真诚的态度。赞美不等于阿谀奉承，而是发自内心的欣赏，并将自己的欣赏真诚地表达出来。如，卡耐基对邮政职员的赞美并不是空穴来风，而是经过观察，发现了他身上有值得欣赏的一点。如果卡耐基看出了职员的不耐烦，而去赞美他的服务态度热情，那么难免会有讽刺挖苦之嫌。

第四，恰如其分的内容。我们要赞美别人什么呢？其实，一般而言，每个人值得赞美的地方是有规律可循的。如，对于一名学生，我们可以赞美他学习努力、同学关系好、懂事、对自己充满自信、积极向上等优秀的品质；对年轻的母亲，可以赞美她的宝宝聪明、可爱、漂亮、健康；对老年人可以赞美其健康的身体、值得回忆的过去、有出息的儿女等。只要善于观察，我们就可以发现，每个人都有很多值得赞美的地方。

第五，间接的赞美。我们不仅可以直接赞美，还可以传递他人的赞美。如，“我经常听某某提到你，说你很有责任感……”转述他人的赞美会让接受赞美的人感觉到你的诚意，同时对你转达赞美的善意充满感激。从这里还可以看出，当面的赞美很必要，背后的赞美同样是不可忽视的。

第六，无条件的欣赏。赞美别人是表达发自内心的欣赏，而不是有所企图。如果赞美别人之后就对人有所求，则会引起别人的反感。

第七，有创意的表达。如果我们赞美的内容都是他已经熟知的优点，可能不会引起被赞美者的任何感觉。赞美同样需要创意和与众不同。爱因斯坦曾说过，他更愿意听到别人赞扬他的小提琴拉得好。记得有一次，我告诉一位刚认识不久的朋友，“我发现你特别容易感受到生活中积极的东西”。她听了以后满脸惊喜：“是吗？还没有人这么说过我，这是一个新发现。”对很多人来说，能被注意到自己不为人知或自己也不知道的优点，会感觉特别高兴，并对赞扬者充满感激。

因此，我们要学会发现生活中一切美的事物，并给予真诚的赞美。如，赞美朋友的耐心，赞美同事对自己的帮助，赞美爸爸妈妈做的美味佳肴，赞美孩子付出的努力，赞美周围的每一个人……发现别人的优点就告诉他们，敞开心扉，真诚相待，你的内心会感受到更多的幸福和安宁。

（三）端正态度

在人际交往的过程中，良好的态度是个人拥有的最大资本，也是交往成败的关键所在。如果个人能够以积极主动的态度与人交往，真诚待人，同样会感受到对方的积极与真诚。

主动交往。每个人都希望拥有亲密的友谊、浓厚的亲情、甜蜜的爱情和幸福的婚姻。然而，总有一些人在慨叹这个世界上缺少真情、缺少帮助和爱。其中的主要原因是他们不敢与人交往、不愿与人交往、不善于交往，总是采取消极、被动的交往方式，期待友谊、亲情和爱情从天而降，幸福的祥云从此笼罩在自己身上。可是，谁会对一个总是退缩的人感兴趣呢？

其实，那些不愿意主动与人交往的人，内心并不是真的不愿与人交往，而是没有安全感。或者，他们担心自己的主动交往不能引起别人的积极响应，而陷入窘迫、尴尬的境地；或者他们害怕在交往中遭到别人的拒绝，而伤害自己脆弱的自尊心；或者他们认为主动与人交往，会显得自己低贱，威胁到自己的价值感；

或者他们不知道怎样与人交往，只好在惴惴不安的期待中等待别人的主动；或者他们内心充满了自卑，认为自己不好，不相信别人会愿意与自己交往……

有一家老式旅馆，餐厅很窄小，里面只有一张餐桌。所有就餐的客人都坐在一起，由于彼此陌生，大家都觉得有些尴尬。

突然，一位先生拿起放在面前的盐罐，微笑着递给右边的女士："我觉得青豆有点淡，您或者您右边的客人需要盐吗?"女士愣了一下，但马上露出笑容，向他轻声道谢。她给自己的青豆加完盐后，便把盐罐传给了下一位客人。不知什么时候，胡椒罐和糖罐也加入了"公关"行列，餐厅里的气氛渐渐活跃起来，饭还没吃完，全桌人已经像朋友一样谈笑风生了，他们中间的冰被一只盐罐轻而易举地打破了。第二天分手的时候，他们热情地互相道别。这时，有人说："其实昨天的青豆一点也不淡。"大家会心地笑了。

这个故事说明，每个人内心深处都有人际交往的渴求，都想让别人了解自己，自己也能了解别人，享受融洽关系所带来的温暖和快乐。然而，很多时候，人们不敢去打破人与人之间的隔膜，从而失去了结识朋友、发展友谊的机会。要知道，"守株待兔"的方式是无法建立和谐的人际关系的，只有主动与人沟通，哪怕一个微笑，一句热情的问候，都会影响人际交往的氛围，让你们的关系变得更顺畅和谐。

成熟的心态。美国著名心理学家爱利克·伯恩提出了四种人际交往模式，即：我好—你也好；我好—你不好；我不好—你好；我不好—你也不好。持有不同交往心态的人，其人际交往的结果有着很大的不同。

"我好—你不好"常表现为：往往拿放大镜看自己的长处，拿显微镜看他人的短处。自我评价过高，听不进别人的意见和建议。在人际交往中遇到挫折时，会认为自己曲高和寡、鹤立鸡群，把人际交往中的失败都归于他人的责任。长此以往，这种交往模式和交往心态会导致对周围人的抱怨和不满，甚至愤世嫉俗，总认为自己怀才不遇，很难适应社会。

“我不好—你也不好”模式表现为不喜欢自己也不喜欢别人，看不起自己也看不起别人，既不会去爱别人也不能体验到他人的爱。他们常常习惯于用否定的眼光看待自己和整个世界，缺乏进取心，终日闷闷不乐，严重的还可能由自我否定发展为自我厌恶，导致精神疾病。

“我不好—你好”模式则表现出不同程度的自卑和恐慌，过分夸大自己的缺点，不喜欢自己，常常感到处处低人一等，经常处于沮丧、失落等心理状态。

上述前三种交往模式都会阻碍人际交往，不利于身心健康和发展。成熟的交往模式和心态应为“我好—你也好”“我行—你也行”，悦纳自己，欣赏他人。

真诚相待。美国心理学家安德森（N. Anderson）在1968年研究了大学生的个性品质。他列出了550个描绘个性品质的形容词，让大学生挑选他们在人际交往中最喜欢的品质是什么。结果发现，最受大学生喜欢的六个品质是：真诚、诚实、理解、忠诚、真实、可信，其中排在最前面的是真诚。可见在人际交往中，真诚是必须具有的品质，也是人际关系得以延续和深化的保证。

很久以前，有一个面包商经常到一个农夫那里购买制造面包所需的黄油。一天，面包商突然产生一个念头，想称一称农夫卖给他的黄油够不够分量。这一称不要紧，不仅不够，还差得相当多。面包商气坏了，心想，农夫怎么能这样对待一个熟人和老主顾呢？他决定抛开脸面，也要把农夫告上法庭。

在法庭上，法官问农夫，你用的是什么量具？农夫回答道：“尊敬的法官大人，坦白地说，我使用的计量方法非常原始，但我确确实实有一台量具。”面包商脸上依旧充满着气愤和不以为然。法官又问：“那么，你是怎样称量黄油的呢？”农夫回答道：“我每天在面包商前来购买黄油之前，都会先去他的面包店里买一磅面包。当他购买黄油时，我就将面包放到我的量具上，称给他相同重量的黄油。”听到这里，面包商满脸羞愧，匆匆离开了法庭。

面包商在指责农夫欺骗自己的时候，是否扪心自问，他在卖给农夫面包的时候，是否做到了真诚相待？同样，当我们发现某些人对我们有敌意的时候，是否也应该反省一下自己对待他人的态度？交往是一面镜子，你怎样对待别人，别人也会怎样对待你。

什么是真诚呢？真诚是否是想说什么就说什么，想做什么就做什么？只要是发自内心的真实想法，便可以问心无愧地表达，而不顾对方的感受？其实不然。真诚是内心的自然流露，是在接纳自己的基础上对他人坦诚相待，将自己的思想、情感以及对他人的关爱与善意传递给对方。真诚和说实话的最大区别是，真诚不是毫无顾忌地表达真实的想法，而是更关注对方的感受。如果有人告诉你，“我觉得你长得还算漂亮，就是鼻子有点歪”“这件漂亮衣服穿在你身上很难看，像一个大木桶……”你会感受到他的真诚吗？因此，真诚更强调的是我们表达出来的是真实的，但并非所有真实的东西我们都要表达出来，需要考虑对方的感受。当我们向对方真诚地袒露自己时，也意味着我们愿意放下自己的心理防御，信任对方，真心相对。

留有余地。《汉书》中有句话说：“水至清则无鱼，人至察则无徒。”意思就是说，河水太清澈了，鱼儿就没法生存；一个人太苛刻了，对人或物要求太高，就很难交到朋友。要想拥有和谐健康的人际关系，就要学会留有余地，给双方更大的回旋空间，以避免产生不必要的摩擦和伤害。

一方面，我们要给自己留余地。与人相处时，言语行为不要过于极端，对他人的缺点给予理解与包容，避免强硬地指责他人；对于别人的要求，既不要轻易地信誓旦旦，也不要冷漠地一口回绝，不妨先答应考虑一下，为自己赢得一个回旋的空间，以免让他人在期待中失望，或因果断回绝对方而伤害了彼此的情感。

另一方面，要学会给他人留余地。在公共场所，要尽量照顾别人的感受，不要当众批评、指责他人，以免伤人脸面及自尊；与别人争论时，要考虑对方的承受能力，不要说一些过头的“绝情话”，以免为了逞口舌之快让双方的友谊从此戛然而止。总之，无论在什么情况下，也不能把别人推向绝路，为他人留有余地，就为自己留有了余地。

有一天，狼发现山脚下有个洞，各种动物由此通过。狼非常高兴，它想，守住山洞就可以捕获到各种猎物。于是，它堵上洞的另一端，单等动物们来送死。

第一天，来了一只羊，狼追上前去，羊拼命地逃。突然，羊找到一个可以逃生的小偏洞，从小洞仓皇逃窜。狼气急败坏地堵上这个小洞，心想，再也不会功败垂成了吧。

第二天，来了一只兔子，狼奋力追捕，结果，兔子从洞侧面的更小一点的洞口逃生。于是，狼把类似大小的洞全堵上。狼心想，这下万无一失，别说羊，与兔子大小接近的狐狸、鸡、鸭等小动物也都跑不了。

第三天，来了一只松鼠，狼飞奔过去，追得松鼠上蹿下跳。最终，松鼠从洞顶上的一个通道跑掉。狼非常气愤，于是，它堵塞了山洞里的所有窟窿，把整个山洞堵得水泄不通。狼对自己的措施非常得意。

第四天，来了一只老虎，狼吓坏了，拔腿就跑。老虎穷追不舍。狼在山洞里跑来跑去，由于没有出口，无法逃脱。最终，这只狼被老虎吃掉了。

这是一只不留余地的狼，它使用各种方法堵塞了别人的生路，也就断掉了自己的退路。因此说，对人对己留有余地是一种生活态度，也是一种人生的智慧，还是人际和谐的催化剂。

生命是一片沃土，有春的绿野、夏的浪漫、秋的收获和冬的严寒。在生命的四季中，我们从懵懂的孩提到青涩的少年，从激扬的青春步入成熟稳重的中年、白发苍苍的老年，这个历程中一直有家人、同学、朋友、师长、同事相依相伴。让我们彼此珍惜，为人生路上陪伴我们的人付出理解、关心与爱，让情意充盈生命的每一角落，让生命因他人而精彩！

第四章　社会是人的生命支撑
——实现人与社会的和谐

人类是天生社会性的动物。

——亚里士多德

社会的健康状态取决于组成它的个人的独立性，也同样取决个人之间的密切的社会结合……要是没有独立思考和独立判断的有创造能力的个人，社会的向上发展就不可想象。

—— 爱因斯坦

社会与人息息相关，密不可分。人是社会的人，社会是人的集合。人离开了社会就无法谈生存，社会离开了人也就无法谈发展。因为社会发展靠的是人的奋斗与创造，而人的发展则依赖于社会的进步与给予。因此，人与社会有着共同点：都必须依赖对方才能生存和发展。可见，实现人与社会的和谐发展是个人发展与社会发展的共同要求。

1920 年 10 月，一位印度传教士辛格在印度加尔哥答的丛林中发现两个由狼哺育的女孩。大的约 8 岁，小的 1 岁半左右。据推测，她们是在半岁左右时被母狼带到洞里去的。辛格给她们起了名字，大的叫卡玛拉、小的叫阿玛拉。当她们被领进孤儿院时，一切生活习惯都同野兽一样，不会用双脚站立，只能用四肢走路。不会用手拿东西吃，喝水也和狼一样用舌头舔。她们不肯洗澡，也不肯穿衣服，并随地便溺。在太阳下晒得热时，即张着嘴，伸出舌头来，和狗一样地喘气。她们害怕日光，经常白天睡觉，习惯在黑夜里看东西，一到晚上就活跃起来。她们完全不懂语言，也发不出人类的音节。她们两人经常动物似地卷伏在一起，不愿与他人接近。这两名印度狼孩虽然有着人类的遗传基因，但是由于她们的生长环境脱离了人类社会，因而不可能成为社会人。

这个故事告诉我们，社会是人的生命支撑，人的生存和发展都离不开社会。

一、个人与社会的辩证关系

马克思主义认为，个人与社会既相互依存又相互矛盾、对立。二者互以对方为自己存在的前提，不能脱离对方而存在。一方面，人是社会的存在者，只有存在于一定的社会关系中的人，才是真正的人；另一方面，社会是相互联系的有组织的个人集合体，脱离人社会就是毫无内容和意义的概念。就是说，社会是人的社会，是在人的创造性活动中不断运动、变化、发展的社会，没有人就没有社会。可见，人与社会浑然天成，融为一体，有人才有社会，人在社会之中才能成为人。人与社会相互依存、相互促进、互为条件，构成一个辩证统一的整体，“正像社会本身生产作为人的人一样，人也生产社会”①。

（一）人是社会的本体基础

在传统的学科分类中，人和社会分属两个不同的学科而被分离地思考着。这样，在人和社会分离的研究中，人和社会都不能得到合理的说明。正如一些西方思想家们研究人而不研究社会一样，有些马克思主义的阐释者却只研究社会而不研究人。因此，马克思批判旧唯物主义：“唯物主义变得敌视人了”。② 而马克思和恩格斯在其创立的历史唯物主义学说中，对于人及其本质，个人与社会的关系有过诸多论述，其精辟和深刻程度是前所未有的。在《1844 年经济学哲学手稿》

① 《马克思恩格斯全集》第 42 卷，第 121 页，人民出版社，1979 年。

② 《马克思恩格斯全集》第 2 卷，第 164 页，人民出版社，1957 年。

中，马克思强调指出：“首先应当避免重新把‘社会’当作抽象的东西同人对立起来。人是社会存在物。”① 在《关于费尔巴哈的提纲》中又指出：“新唯物主义的立足点则是人类社会或社会化了的人类。”② 可见，马克思和恩格斯对于社会历史的研究是把人作为社会历史的本体基础而且是以人为本的。

1. 人是社会历史的主体

对于人的内涵、作用及其实质的认识，人类经历了漫长的认识过程。从古希腊哲人苏格拉底提出“认识你自己”，创立古希腊“人”的哲学之后，柏拉图、亚里士多德、黑格尔、费尔巴哈等人，都在相当高的层次上概括了人及其本质。马克思正是在这些研究的基础上，抛弃了黑格尔绝对精神的唯心主义外壳和费尔巴哈把人理解为超历史的、孤立的、生物学意义上的自然人的观点，吸收了黑格尔从人的劳动方面规定人的本质的观点和费尔巴哈从个体与类的关系入手研究人的本质的方法，对人及其人的本质进行了科学的概括，指出“人的本质并不是单个人所固有的抽象物。在其现实性上，它是一切社会关系的总和”③；人是处于“一定历史条件和关系中的个人”④，“人的本质是人的真正的社会联系”⑤。因此，在马克思和恩格斯那里，人是社会历史的本体基础。

马克思在早期著作中就明确说过：“人就是人的世界，就是国家，社会。”⑥ 在晚期的研究中也直接指出：“人是全部人类活动和全部人类关系的本质和基础”“社会本身，即处于社会关系中的人本身”⑦。在《德意志意识形态》中，马克思和恩格斯更加明确地指出：“任何人类历史的第一个前提无疑是有生命的个人的存在”。可见，人是社会历史的物质承担者和终极的构成基础。马克思的全

① 马克思：《1844 年经济学哲学手稿》，第 79 页，人民出版社，1985 年。
② 《马克思恩格斯选集》第 1 卷，第 18 – 19 页，人民出版社，1972 年。
③ 《马克思恩格斯选集》第 1 卷，第 18 页，人民出版社，1972 年。
④ 《马克思恩格斯全集》第 3 卷，第 86 页，人民出版社，
⑤ 《马克思恩格斯全集》第 42 卷，第 24 页，人民出版社，1979 年。
⑥ 《马克思恩格斯选集》第 1 卷，第 1 页，人民出版社，1979 年。
⑦ 《马克思恩格斯全集》第 46 卷（下），第 226 页，人民出版社，1980 年。

部理论和实践的最终目标，就是实现人类的自由和解放的共产主义的社会理想，这足以证明其以人为本的思想。通过以上论述可以看出，虽然马克思没有明确说人是社会的本体，但他所说的“出发点”“立足点”“前提”“本质”“基础”“最终目标”等，完全是从不同的角度对本体的界说。

2. 人是社会的操纵者

人的活动创造了社会，推动了社会的发展。社会的存在和发展是所有个人及其集体努力的结果，没有人和人的活动也就没有社会。从这个意义上说，人是社会历史存在的前提条件，人的活动是社会历史的终极原因。从对中华民族的统一和强大做出了突出贡献的首位完成华夏大一统的铁腕政治人物，被称为千古一帝的秦始皇，到汉朝开国皇帝，汉民族和汉文化伟大的开拓者之一，传奇皇帝刘邦；从发明了蒸汽机，标志着第一次科技革命到来的瓦特，到研究水稻杂交，每年可解决3500万人吃饭，被称为“杂交水稻之父”的袁隆平，他们都是社会历史的推动者和社会财富的创作者，正是人的活动推动了社会的进步和发展。正如马克思所说：“创造这一切、拥有这一切并为这一切而斗争的，不是‘历史’，而正是人，现实的、活生生的人。”① “人永远是这一切社会组织的本质。”② 因而，社会的物质成果、组织机构等都不过是人的外观和表现，人是社会的操纵者。社会的产生、构成、发展等依赖于人的存在、活动及创造。因此，没有人根本不会有社会。就好比一台电脑，它是由许多部件组成，离开这些部件，根本就没有电脑这个客观存在。因此，社会的发展依赖于人。社会是以人的存在为主体而形成和不断发展的。

3. 人是社会的终极目的

几千年来，人类一直在思考“人是目的”和“人是手段”的关系问题。马

---

① 《马克思恩格斯全集》第2卷，第118页，人民出版社，1957年。

② 《马克思恩格斯全集》第1卷，第293页，人民出版社，1956年。

克思主义认为，社会历史的一切都是人的活动所造成的，社会的一切都是为人的。从这个意义上说，人的世界是一个价值的世界，人是社会的终极目的。“人类的全部力量的发展成为目的本身。”① 马克思创立的科学社会主义学说主张消灭剥削、消灭压迫、消灭特权，使全体社会成员都享有自由、平等和幸福的生活，因而其以人为目的宗旨是很明确的。可见，人类所做的一切归根到底都是为了人自身，人是所有活动的最终目的。

但是，人的这种目的又只有通过人自身的创造性的劳动和活动才能实现。自然界是人类赖以生存和发展的环境和条件。但自然界并不会自发地满足人，人必须通过自己的劳动对自然界进行改造，使其适合自己的需要，才能解决自己的生存问题。所以，对于自然界而言，对于人自身的劳动实践而言，人是目的，这是毫无疑义的。但是，人这个目的又是通过人自身的劳动、人自身的活动而实现的。因此，人及其活动又是实现自己目的的手段。人是自身手段的目的，也是自身目的的手段，人是人自身的目的和手段的统一。

以上说明，无论是从基础、本质、始因还是从目的来看，人对于社会历史来说都具有本体性意义。

（二）人依赖于社会而存在

我们每个人都生活在一定形态的社会当中，是社会的一员。如果将社会比喻成大海，那么个人就是大海中的一滴水；如果将社会比喻为巢，个人就是巢中之卵。水滴离开大海很快就会干涸，生命之卵离开孕育它的巢穴马上就会死亡。显而易见，在个人与社会的关系中，社会起着根本的、决定性的作用。社会为人们的生存和发展提供了丰富的物质基础和精神财富，所以，人类生存的基础是社会的存在，人不能脱离社会而生存。

---

① 《马克思恩格斯全集》第 42 卷，第 486 页，人民出版社，1979 年。

1. 社会是人的存在形式

马克思揭示了人的本质是人的真正的社会联系，认为只有存在于一定的社会关系中的人，才是真正的人、历史的人、实践的人，而离开了社会实践和人们的各种联系与交往，人的思想意识就无法产生、人脑就会萎缩甚至枯竭，就不能称其为真正的人。

> 四川省内江市一个偏僻的小山村中有一名14岁的男孩小杰，被当地人称为“狼孩”。小杰不会说话，不会站立行走，经常生吃鸡、鸭、蛇等动物，用手抓食物吃，到河沟里喝水，随地便溺。经一系列医学检查，发现小杰种种异常行为都是因为脑萎缩造成的。而脑萎缩的主要原因是长期脱离社会。因为小杰婴幼儿时发育不良，比一般孩子更容易哭闹、发脾气，发脾气时会咬死鸡、鸭。小杰的父母就把小杰关在一个小黑屋里，与世隔绝，不与他沟通和交流，长期下去造成大脑发育不良、严重萎缩，导致缺乏正常人的认知能力和行为能力。

小杰的经历说明，人依赖于社会而存在，个人的生存和发展都离不开社会。可见，人是构成社会的基质和基本细胞，社会是人存在和发展的形式。

2. 社会是人的生命载体

人是具有社会属性的活动体。每个人从呱呱坠地那一天起，就进入到了社会。最初，他处于一定的家庭关系中，随着他渐渐长大，他所接触的社会面也越来越广。慢慢地，他会置身于诸多的政治关系、法律关系、道德关系之中。如果一个人生下来就脱离了社会，不与人交往，即使他有着再发达的大脑和健全的躯体，也不会具备人的本质。正如前面所说的狼孩，虽然他在人体结构和器官上与人相同，但却不是真正意义上的人。因此，爱因斯坦曾经说过：“我们吃别人种的粮食，穿别人缝的衣服，住别人造的房子。我们的大部分知识和信仰都是通过别人创造的语言由别人传授给我们的……个人之所以成为个人，以及他的生存之所以有意义，与其说是靠他个人的力量，不如说是由于他是伟大人类社会的一个成员，从生到死，社会都在支配着他的物质生活和精神生活。”由此可见，个人的生存依赖于社会的生产，个人的生活依赖于社会规范，个人的发展依赖于社会的进步，个人不能脱离社会而独立存在。

3. 社会是人的发展空间

社会不仅是人的存在形式，人的“共同体”，还是人安身立命的家园，个人发展的空间。人活在世界上，就是为了体现自己的价值，否则就觉得活得没有意义。然而，要实现自己的价值，就得融入社会，从事社会劳动，遵循社会发展的客观规律，适应社会。“物竞天择，适者生存”，这是自然界发展演进的永恒规律，也是人类社会生存和前进的不变法则。不能适应社会的人，注定被社会淘汰。所以，只有在社会的大家庭里，我们吸取着社会为我们准备的养分，享受着社会为我们提供的服务，实现着社会为我们保障的权利，我们才能提高自身素质，不断丰富和发展自己。

（三）个人与社会是辩证的统一

如前所述，个人与社会相互依存、相互作用，他们互为对方存在的前提，共同促进对方的发展，二者是辩证统一的关系。

1. 个人与社会密不可分

个人与社会相互依存，密不可分。首先，个人与社会同源。人类个体与人类社会是同时诞生的。人通过劳动诞生的过程，也是人类社会形成的过程。人的劳动根源于人与自然的矛盾，因为自然界不能自发地满足人的需要，人便不断地改造和征服自然，以获取必要的生活资料，维持自身的存在和发展。劳动不仅改变了自然，同时也改变了人自身。它使人从自然界中分化出来，因此，“劳动创造了人自身”。① 离开了劳动，人就失去了人类本质，就不能从动物界演变为人。

① 《马克思恩格斯全集》第3卷，第508页，人民出版社，1979年。

同时，人在劳动中，在强大的自然力面前，只有通过一定的社会形式实现人的联合，才能实现对人的生活有用的自然物质的占有。“人们在生产中不仅仅同自然界发生关系。他们如果不以一定方式结合起来共同生活和相互交换其活动，便不能进行生产。为了进行生产，人们便发生一定的联系与关系；只有在这些社会联系和社会关系的范围内，才会有他们对自然的关系，才会有生产。”① 可见，劳动从一开始就注定是在一定社会关系下，人们能动地满足自身需要的现实的物质实践活动，离开了社会性，人就失去了自己的现实本质，人的劳动就不能真正生成和扩展。从而，人的生成和发展也就无从谈起。由此可见，人是在社会生产劳动中形成的，社会则是人在劳动中分工协作的产物，他们是同时诞生的，从其根源上讲，人与社会具有不可分割性。其次，个人与社会共生。个人与社会不仅在根源上具有不可分割性，而且个人的生存与发展和社会的生存与发展同样息息相关，共生共存。如前所述，二者相互依赖，互因对方而存在，构成一个辩证统一的整体。

2．正确认识个人发展与社会发展的关系

个人与社会在发展的过程中，表现出相互促进，相互制约的态势。

一方面，个人发展是社会发展的前提和基础，对社会发展产生能动的作用。人是科学技术的创造者，是变革社会的主体。个人通过实践活动对社会发展起着积极的推动作用，使社会不断由低级向高级发展。实践的本质是批判、超越和创造。正是在实践中，人们不断提高劳动技能，改革生产工具，从石器、青铜器、铁器、机器到当今的现代化生产。人们认识和改造包括自然、社会和自身在内的整个世界的欲望、激情和能力不断增强，获得了无限发展的动力。而社会也随着社会主体人的发展获得了共同发展，从原始社会、农业社会、工业社会发展到当今的知识社会。可见，人的发展是社会发展的重要前提。正如马克思所说：“人

① 《马克思恩格斯选集》第1卷，第362页，人民出版社，1979年。

们的社会历史始终只是他们的个体发展的历史。”①

另一方面，个人发展也会受到社会发展的影响和制约，表现为以下两种情况：

一是社会发展为个体发展提供条件和保障，促进了个人的发展。从社会发展的历史中可以看出，社会越发达，越进步，为个人发展提供的机会就越多，手段就越先进，满足个人发展需要的能力也就越强。今天，我们每个人都享受着现代化社会所带给我们的优厚的生活条件和发展空间，这是我们的祖先所不能比拟的。因此，社会的发展既为个体发展提出要求，转化为个体发展的动力，也为个体发展提供机会和手段，使个体的发展成为现实。可见，个体的发展不能脱离社会的发展而实现。正如马克思所说：“既然人天生就是社会的生物，那他就只有在社会中才能发展自己的真正的天性。”②

二是社会难以满足个人发展的需要，个人发展受到社会发展的制约。由于社会不是个人的简单相加，而是按照一定的方式结合起来的人们之间的社会关系的有机整体，社会一经形成，就具有了与人类个体不同的性质。社会代表着人的整体，体现着整体发展的根本要求，具有全面和长远的性质。因此，在任何社会，社会整体利益和个人利益都有不同程度的差异，甚至处在矛盾之中。这是因为在一定历史时期，社会物质和精神产品的总量是一定的，用于满足个人需要的部分增加了，用于满足社会需要的部分就会减少；满足这一部分社会成员需要的部分增加了，满足其他社会成员的部分就会减少。因此，为了保证社会全局和长远发展的需要，为了满足大多数人的个人利益，就需要限制某些个人的需要，甚至牺牲某些个人的利益。这时个人需要和社会需要之间便形成了矛盾。因此，个人的需要和发展必然受到社会的制约，个人只能在社会提供的条件下，根据现实的可能性来满足需要，发展自己。社会主义制度为个人的全面发展提供了广阔的前景

① 《马克思恩格斯选集》第4卷，第321页，人民出版社，1972年。

② 《马克思恩格斯全集》第2卷，第167页，人民出版社，1957年。

和发展空间，个人与社会的关系在根本利益方面是一致的。但是，社会利益与个人利益之间仍有差异，社会与个人之间仍有非对抗性的矛盾。比如：一部分人先富起来与共同富裕的矛盾，人们不断增长的物质和文化生活的需要与社会生产力相对落后的矛盾，科学技术的高速发展与自然环境的日益恶化的矛盾等等。个人的发展和社会的前进正是在这些矛盾的发展、运动、转化和解决中实现的。

在个人发展与社会发展的关系上，要克服社会本位观和个体本位观两种认识偏差。社会本位观强调社会处于决定性的、中心的地位，个体则处于从属地位，社会是目的，个体是实现社会目标的手段。这种观点过分强调了社会的地位和重要性，而忽视人的价值的体现。与此相反，个体本位观认为个体的价值高于社会的价值，个体处于中心地位，而社会只是个体生存的外部环境。这种观点高估了个体的地位，使我们不能正确认识社会与人的关系，盲目夸大了个体的作用。

3．实现个人发展与社会发展的和谐统一

《庄子·列御寇》中有这样的记载："朱泙漫学屠龙于支离益，散千金之家，三年技成而无所用其巧。"讲的是有一个叫朱泙漫的人，拜支离益为老师，学习杀龙的本领。他花光了千金的家产，用了三年的时间，终于学成了。可是，世界上根本没有龙。他走遍天下也没有地方可以施展他的技巧，他只好天天睡大觉，终日无所作为。

枉学屠龙的成语故事告诉我们：徒然学习毫无实用价值的技术，对个人发展及社会发展都将徒劳无益。其实，个人发展离开了社会需要，即使技巧再高，本事再大，也是"英雄无用武之地"。可见，脱离社会去搞自我设计是难以实现的，没有社会需要就谈不上个人价值，更谈不上个体发展。

2013 年感动中国的 10 大人物林俊德是中国工程院院士、总装备部某基地研究员。他入伍 52 年，一直奋战在大漠、戈壁，参加了我国全部核试验任务，为国防科技和武器装备发展倾尽心血，战斗到生命的最后一刻。2012 年 5 月 4 日，他被确诊为"胆管癌晚期"。为了不影响工作，他拒绝手术和化疗。5 月 26 日，因病情突然恶化，他被送进重症监护室。醒来后，他强烈要求转回普通病房，他说："我是搞核试验的，一不怕苦，二不怕死，现在最需要的是时间。"林俊德住院期间，整理移交了一生积累的全部科研实验技术资料，多次打电话到实验室指导科研工作。5 月 31 日上午，已极度虚弱的林俊德，先后 9 次向家人和医护人员提出要下床工作。于是，病房中便出现了震撼人心的一幕：病危的林俊德，在众人的搀抬下，向数步之外的办公桌，开始了一生最艰难也是最后的冲锋……5 小时后，心电仪上波动的生命曲线，从屏幕上永远地消失了。这位军人，完成了生命中最后的冲锋。

林俊德以他 52 年的军旅生涯、30 多项的科技成果实现了一名军人、一位科学家的自我价值，也为国防建设做出了巨大贡献，实现了个人发展与社会发展的完美统一。林俊德的事迹不仅感动了亿万炎黄子孙，也为我们树立了榜样。我们要向林俊德学习，坚持集体主义的价值取向，关心社会发展，投身祖国建设，无私奉献社会，以社会需要为导向塑造自己，做社会进步的促进者。

二、家和万事兴

天下之本在国，国之根本在家。家庭是社会的细胞，也是人生命的载体，生活的空间。人的一生都离不开家庭的怀抱。从呱呱坠地到牙牙学语，从翩翩少年到耄耋之年，家庭见证了我们生命的轨迹和人生的兴衰。家和万事兴。大至国家之强盛、社会之祥和、民族之团结，小到个人生活之幸福、事业之兴旺、身体之健康，均以和谐的家庭关系为基础。

然而，随着现代社会的急剧变迁和高速发展，自我膨胀、物欲横流、人心浮躁、家庭失和的现象屡见不鲜。夫妻反目、儿孙不孝、家庭暴力、亲子冲突等家庭问题已严重影响了家庭的稳定、生活的幸福、事业的发展和社会的和谐。因此，构建和谐社会，必须从构建和谐家庭开始，让家庭成为每个人的快乐源泉，幸福港湾。

（一）家庭是生命的起点

个体出生后，最早接触的环境是家庭，生活时间最长的环境也是家庭。家庭作为个体生命的起点和最亲密的社会生活群体，对个体人格形成和未来发展具有极为重要的影响。社会心理学家M. 罗森堡认为，家庭是孩子产生原始的自我感觉以及形成基本的身份、动机、价值和信念的背景。而这些因素是孩子未来发展的基础，将影响孩子的一生。

1. 家庭是孩子成长的摇篮

家庭是孩子的第一所学校，父母是孩子的第一任教师。正如马克思、恩格斯所说，“家庭起初是唯一的社会关系”[①]。现代家庭尽管早已不是唯一的社会关系，但对每个人来说，它毕竟仍是最早的社会关系。从儿童一出生起，家庭便赋予他包括种族、阶级、宗教、经济状况、地区等在内的多种社会特征，而这些特征都可能对他日后的社会发展产生重要的影响。

此外，家庭结构、家庭气氛、家庭教养方式等都会对儿童人格的形成起着重要的作用。教育科学研究证明，从出生到7岁，是一个人身心发展和人格形成的重要时期，尤其是大脑发展最旺盛的时期。此时儿童生活在家庭及周围环境中，外界刺激会在他们大脑里留下痕迹，刺激反复呈现，就会转化为内在信息，促进儿童大脑潜能的发展，促进儿童认知、情感、意志等心理过程的发展和兴趣、能力、性格等个性品质的形成，从而对其人格的形成具有重要和深远的影响。因此，家庭教育是一切教育的基础。

家庭氛围对孩子的成长和个性品质的形成具有重要影响。在温馨愉快的家庭

---

① 《马克思恩格斯选集》第1卷，第33页，人民出版社，1972年。

氛围中长大的孩子与在气氛紧张、父母失和的家庭中长大的孩子在性格上有很大的不同。一个家庭，若夫妻相爱，手足情深，敬老爱幼，往往易使儿童形成礼貌、热情、随和、乐观、大方、善良等良好的性格特征。反之，家庭成员之间经常争吵打骂，家庭气氛紧张压抑，往往会使儿童形成粗暴、蛮横、孤僻、冷酷等不良性格。比如：国内外对父母离异对孩子成长影响的研究发现，破裂家庭中的孩子容易出现敏感、悲观、孤僻、抑郁等性格。英国学者海尔特的研究发现，双亲不和比双亲不全对孩子有更坏的影响。父母长期的分歧、敌对、争吵不休、紧张冲突，会使子女的内心产生严重的焦虑、多疑、心神不定或神经质，甚至导致心理变态以及反社会行为；而家庭和睦的孩子则心神安宁、活泼、愉快。

父母的教育方式对孩子的个性品质也具有重要影响。美国社会心理学家鲍尔特温根据不同的教育方式，将家庭教育分为四种类型：专制型、溺爱型、放任型和民主型。认为不同的教育方式会对孩子的性格产生不同的影响。比如：专制型的教育方式会使孩子形成孤僻、叛逆、暴躁等性格；溺爱型的教育方式会养成孩子依赖、娇气、任性、以自我为中心的性格；放任型的教育方式会使孩子缺乏礼貌、辨别力和自控力；而民主型的教育方式则会养成孩子有礼貌、自信、成熟、思想活跃、善于与人合作、具有独立性、有坚强的毅力等优良的性格。由此可见，家长在教育孩子时，要运用正确的教育方式，结合孩子在不同年龄阶段生理和心理发展的特点，严要适度，爱而不溺，循循善诱，因势利导，塑造孩子的良好性格。

2. 父母是孩子行为的榜样

心理学的研究发现，模仿是儿童学习的重要形式之一。儿童的许多态度和行为不是直接从书本上学来的，而是通过对周围环境中榜样的模仿获得的。而父母是孩子模仿的最直接、最经常的榜样。家长的言谈举止、生活态度、教育方式等每时每刻都有意或无意地影响着孩子，对孩子思想观念及行为习惯的形成起着重要作用。正如前苏联教育学家马卡连柯所说：“不要以为只有你们和儿童谈话的时候，或教导儿童、吩咐儿童的时候，才执行教育儿童的工作。在你们的每一瞬间，其实都在教育着儿童，甚至在你们不在家里的时候，你们怎样穿衣服，怎样跟别人谈话，怎样谈论其他的人，你们怎样表示欢欣和不快，怎样对待朋友和仇敌、怎样笑，怎样读报……所有这些，对儿童都有很大的意义。”可见，父母的一言一行都是儿童早期学习的榜样，在潜移默化地影响着孩子。这种耳濡目染的作用，是在不知不觉中进行的，比学校教育和社会教育要强烈、深刻得多。所以，作为父母不仅要承担抚养子女的责任，更要承担起教育子女的责任。要言传身教，为孩子做出榜样。比如：如果希望孩子具有诚实的品格，父母就要实事求是，不撒谎，为孩子做出诚实的榜样；如果希望孩子是个善良的人，父母就要具有同情心，乐于助人，与人为善；如果希望孩子做事认真严谨，踏实细致，父母在做事时就要一丝不苟，精益求精；如果希望孩子意志坚定，不怕困难，父母就要在挫折面前永不言弃，百折不挠。一句话，家长希望孩子具备什么品格，就要首先具备这种品格，这样才能让孩子学有道理，行有榜样，形成良好的行为习惯和个性品质，为以后人格的进一步发展和完善奠定基础。

（二）家庭是爱的港湾

爱是生命的源泉，家庭是爱的港湾。个体生命从孕育的那一刻起，就离不开爱的怀抱。我们因爱来到这个世界，我们通过爱使生命得以延续。我们每天都沐浴在爱的阳光下。从第一声啼哭，第一次迈步，到第一天上学，第一次远行……我们在爱中长大，在亲情中成熟。爱是生命的阳光雨露，是家庭生活中不可缺少的元素。

1. 让家庭充满爱

爱是人的天性，是人的生命需要，是人类最崇高、最强烈、最美丽、最富意义的一种体验。家是爱的摇篮，家是爱的呼唤，家也是培育爱、播种爱的港湾。

家庭之爱表现为夫妻恩爱。这种爱可以弥合夫妻间的差异，跨越彼此间的障碍，化解夫妻间的矛盾，超越物质上的贫瘠。这种爱是夫妻间的理解、信任、关心、陪伴、牵挂，是无论疾病还是贫穷都矢志不渝、不离不弃的守护。

梅尔的小说《牧人的爱情》（刊于2009年第4期《西藏文学》）用淡淡的笔触描写了牧人强巴三十年如一日，照顾生病的妻子杨木措的动人故事。字理行间，没有提到“爱”字，却将爱人间的默契和关切表达得淋漓尽致，体现了牧人朴实而坚韧、平凡又伟大的爱情，使人油然感动。在浮躁又多变的都市人眼里，牧人的爱情散发着一股淡淡的青草味和浓浓的奶香，使人感受到牧人在空旷的草原上放牧着牛羊，也播种着自己的爱情。虽然垂暮之年、重病在身的杨木措早已用一叠连声的咳嗽掩盖了年轻时的迷人歌声和优美舞姿，满脸的皱纹也记录了强巴几十年的艰难与沧桑，但他们依然对爱情充满了幸福的记忆，对生活抱有美好的憧憬。

家庭之爱表现为父慈母爱。孩子是父母爱的结晶，父母与孩子之间血浓于水的亲密情感，使得天下父母都对孩子倾注了全部的爱，对孩子的成长倾注了全部的心血，这是孩子健康成长的坚实基础。

武汉“暴走妈妈”陈玉蓉捐肝救子的事迹曾经感动了亿万人。陈玉蓉的儿子叶海斌因肝硬化亟须进行肝移植手术，她决定捐肝救子。就在肝移植前夕，她被查出重度脂肪肝，不能手术。但陈玉蓉并没有放弃挽救儿子的信念，而是毅然开始了自己的“暴走减肥”计划。从此，陈玉蓉开始了近乎残酷的每天10公里的“暴走减肥”。她坚信“只要我多走一步路，少吃一口饭，离救儿子的那天就会近一点”，“如果这次还不能捐，我会一直走下去”。为了完成割肝救子的心愿，在七个月时间里，她走路风雨无阻。为了更快达到效果，她每餐只吃半个拳头大的饭团，有时夹块肉送到嘴边又放回碗里。陈玉蓉走破了四双鞋，脚上的老茧长了一层又一层，体重终于从68公斤减到了60公斤，脂肪肝也奇迹般地消失了，达到了供肝标准。这个结果让医生都大为震惊，因为从医几十年，还没有见过哪位病人能在短短7个月内消除重度脂肪肝。这就是母爱产生的无穷力量，能战胜任何困难，创造人间奇迹！

“暴走妈妈”陈玉蓉对儿子的爱是一种伟大、无私的爱，代表了天下母亲对孩子的慈爱之心。正是有了父母爱的奉献和滋养，孩子才能健康成长，成为社会的有用之才。正可谓：可怜天下父母心。的确，做父母的都爱自己的孩子，都渴望孩子成才、成功。但是，并非每个父母都能把爱传递给孩子，让孩子感受到父母之爱。比如，有的父母向孩子表达是一种“自私的爱”“控制的爱”，有的父母向孩子表达是一种“讨账的爱”“严苛的爱”，还有父母向孩子表达的是一种“放纵的爱”“畸形的爱”……以上种种“爱”不是真正的爱、理性的爱，不但不能让孩子得到爱的滋养，甚至可能结出“恨”的果实，导致亲子冲突，影响孩子的健康成长。前苏联教育家马卡连柯就此指出：“没有父母的爱，所培养出来的人，往往是有缺陷的人。”缺少父母之爱的儿童，感受不到家庭的温暖，就会经常处于紧张忧虑之中，这将严重影响他们的正常发展。近年来，国内外的学者都十分关注儿童出生后与父母分离对其成长影响的研究。他们一致认为，儿童出生后与父母分离，将使儿童产生精神上的痛苦和焦虑，影响其整个一生的人格风貌。近期非常受欢迎的有两档电视节目，一个是湖南卫视播出的《爸爸去哪了》，另一个是浙江卫视播出的《爸爸回来了》。两档节目中所表现出的父爱浓烈而深沉、细致而绵长，让人为之动容。这两档电视节目之所以受到观众的喜爱和追捧，就是因为它们揭示了一个共同的教育理念：孩子的成长需要爸爸、妈妈的共同付出，在孩子成长过程中，父亲是不能缺位的，父爱是孩子成长的养分和空气，同母爱一样必不可少！

家庭之爱还表现为家庭中萦绕着的浓浓的亲情。亲情是血脉相连的牵挂。儿行千里母担忧，亲情是流淌在血脉里深入到骨髓中的天然牵挂，是最无法割舍的人间真爱。在漫长的成长道路上，父母付出了多少辛劳，熬过多少个不眠之夜，恐怕无人能够统计得出来。你的每一次微笑，每一次成功，每一次超越都凝聚了父母的心血，记录了父母的付出；亲情是不离不弃的守护。亲情像是空气，看不见、摸不着，却弥漫在亲人之间。亲情不像爱情那样轰轰烈烈，海誓山盟，亲情不事张扬，无需表白。但亲情是你永远的依靠。它不因忙碌而疏远，不因时空而淡忘。得意时你可能前呼后拥朋友众多，但落寞时常常唯有亲人守护着你。在我们身心疲惫、心灰意冷的时候，亲情是最温暖的慰藉、最无私的陪伴、最持久的动力、最博大无私的包容。多年的朋友，可能因为一次误解而反目；恋人相处，也难免因为一些磨擦而各奔东西。唯有亲人才会包容你的缺陷，接纳你的失败，原谅你的错误。在亲情的港湾里，你可以被还原成一个最本真、最调皮、最任性的你。

由此可见，有爱的家庭是温馨的，哪怕身居陋室；有爱的家庭是快乐的，哪怕粗茶淡饭；有爱的家庭是幸福的，哪怕辛苦劳作！

2. 用爱滋养心灵

精神病学家卡尔·梅宁格曾经说过："爱能拯救人——无论是施与爱的人还是得到爱的人。"的确，爱是神奇的，具有巨大的功效。

（1）神奇的爱

爱是一种巨大的精神力量，用爱滋养心灵可以促进人的健康，减轻人的压力，增进人的幸福。

首先，爱具有巨大的药用价值，可以促进人的健康。许多国家的健康医疗研究显示，已婚者会比单身、鳏寡以及离婚的人更健康。一项针对乳腺癌患者所做的研究调查证明，经过七年的治疗之后，拥有伴侣的乳腺癌患者有72%的存活率，没有伴侣的，存活率只有56%。1992年，针对心脏病患者所做的研究调查也指出，没有固定伴侣的心脏病患者，有50%在五年内会死于心脏病复发，而有伴侣的心脏病患者，复发的概率只有18%。

美国加州预防医学研究中心主席迪恩欧尼斯博士在他所著的《爱与生存》

一书中表示："在我的经验中，还未曾发现过有任何一种药物，拥有比'爱'及亲密关系更具有神奇的疗效，特别是对那些面临死亡威胁的病人，爱情往往加强了他们的生命力。虽然说爱情并不是万灵丹，但是一颗受爱滋润的心的确就像吃了抗生素般，让病人更坚强。"许多研究表明，沐浴在爱河里的人们，机体的神经系统、造血系统、内脏功能、免疫调节都处于最佳状态。因为，爱的滋养能使肌体内啡肽含量增高 27%，生长激素浓度增高 87%，因而机体免疫力增强。同时，还可以使体内两种压力激素——肾上腺素水平下降 70%，皮质醇下降 39%。可见，和谐、健康的家庭生活是健康的催化剂，可以使人神清气爽，精力充沛，红光满面，充满活力。

其次，爱是缓解压力的"缓冲器"。家庭成员之间的彼此关爱，提供了相互支持、相互关怀的心灵慰藉，从而成为一种对抗生活压力的"缓冲器"和"防护墙"，可以最大限度地减轻身体承受的压力，让人心胸开朗，心情舒畅。

再次，爱可以增进人的幸福感。牛津大学的迈克尔·阿基勒教授通过 11 年的潜心研究，认为决定一个人幸福快乐的关键因素在于与家人保持亲密关系，建立稳固的朋友往来。其中，稳定的婚姻关系与和谐的家庭氛围是使人幸福和身心健康的根本保证。因为幸福作为一种主观感受，是一种精神上的满足感，与物质满足和他人评价没有必然的联系。而沐浴着爱的阳光，呼吸着自由的空气，享受着爱的甜蜜，人们会产生一种由衷的陶醉感和幸福感。可见，人们把爱比喻为人间的春风和生命的源泉一点都不为过。

（2）爱的内涵

现代人本主义心理学家弗罗姆认为：爱是一种能力，也是一种艺术。在《爱的艺术》一书中，他向我们描述了一个成熟的、有创造性的人的爱："爱是人的一种主动的能力，是一种突破使人与人分离的那些屏障的能力，一种把他和他人联合起来并克服孤独感的能力。"他认为爱的能力就是和他人建立亲密关系的能力，各种形式的爱——母爱、情爱、手足之爱等等，其基本要素都包括四个方面：关心、责任、尊重、了解。

关心是指爱是对所爱对象的生命和成长的积极关心，哪里缺少这种积极关心，哪里就根本没有爱；责任是强调爱是对另外一个人的责任担当，没有责任感的爱不是真爱，只是占有；尊重是指一个人对另一个人的成长和发展应该顺其自身发展的规律和意愿，不能按照自己的主观意志去塑造对方，限制对方。关心与责任必须以尊重为前提，不能把关怀、责任变成支配和占有；了解既是以上三要素的核心，又是以上三要素的前提，了解首先是对所爱对象的全面认识，能够发现对方的美，也能够接纳对方的缺点和局限。由此观之，爱是给予而不是接受，爱是分担而不是占有，爱是接纳而不是改造。

（3）培养爱的能力

一个人只有具备了爱的能力，才会真正地爱自己、爱他人，体验到爱给人带来的快乐和幸福。而如果人们的内心没有爱，或者没有感受爱的能力，就难以感到爱的存在。因此，培养爱的能力对人一生的发展都有着重要的意义。

首先，从父母那里得到爱的滋养。人的生命需要父母用爱的乳汁来浇灌。在婴幼儿时期，当个体爱的需要得到充分满足以后，就会产生安全感，就会信任他人。同时，在与别人的互动中，就会把这种对人的友好、信任和善意流露出来。这些都会在孩子的心中埋下爱的种子。一位哲人认为，人的内心都有一个专门产生爱意的灵魂之杯，当爱盛满的时候，爱会溢出来传递给他人，让别人的内心也分享着生命中的爱意。美国的心理学家米尔把它称为储爱杯，并用心形图表示。他认为每个人的心中都有一个心形的储爱杯，代表人对爱的渴望。刚出生时，人们内心的储爱杯是空的。而在一个充满爱的家庭里，爱是代代相传的，从父母传给子女，将子女内心的储爱杯一点点填满，使孩子切身感受到自己是一个可爱的人，然后他再去爱父母、爱别人、爱社会……一个人的内心储存了多少爱可以给予，决定了这个人爱的能力的高低。如果一个人内心是干枯的，没有爱可以付出，他就缺乏爱的能力的基础。可见，父母带给孩子的爱，是孩子产生爱的能力的前提和基础。

其次，学会表达爱。爱是需要表达的。西方人不管是在恋人之间、夫妻之间还是子女与父母之间都经常进行爱的表达。一句“我爱你”可以把彼此之间的爱深化、升华，让双方都沐浴在爱的阳光下。而中国人则推崇含蓄的美德，往往是“爱你在心口难开”，亲人之间、恋人之间很少听到爱的表达。久而久之，人们爱的神经往往变得迟钝、麻木起来，感受不到亲人之间、恋人之间的爱，或者由于不适应这种爱的表达而产生歧义。

几年前，一位教育工作者到一所小学的一个班级做了一个调查，发现全班50多名学生中只有四五位同学与父母之间经常有爱的表达，其他90%的学生与家长之间几乎没有直接的爱的表达。这位教育工作者随即要求同学们放学回家后要对爸爸妈妈说“我爱你”!

结果，一位男孩回家后向妈妈说：“妈妈，我爱你!”妈妈愣了片刻，马上回应说：“你这小子和谁学的，跟老娘来这一套!”这位妈妈认为儿子学坏了，小小年纪就会对女人说“我爱你”了。

一位女孩放学回家看到妈妈站在厨房做饭，就对妈妈说：“妈妈，我爱你!”这位妈妈马上说道：“废话，你不爱我你爱谁？我整天伺候你吃、伺候你穿容易吗？从小到大我为你付出了多少，你知道吗……”这位妈妈喋喋不休地说了二十多分钟，把本应是表达亲情的温馨场面变成了控诉会场，压制了孩子对母亲爱的表达的行为。

另一位男孩在爸爸下班回家后，接过了爸爸手中的皮包，并对爸爸说：“爸爸，我爱你!”这位爸爸反应了一会儿，然后拍着儿子的头说：“孩子，说吧，又想让老爸给你买什么了？”这位爸爸把孩子对他爱的表达当做了一种讨好他的手段，目的是想从爸爸这里得到他想要的礼物。

以上三种情境颇具代表性，它们虽然表现方式不同，但实质是一样的，即父母都不习惯与孩子表达彼此的爱意。因此，当孩子向父母直接表达了他们的爱以后，反而被父母曲解。其实，人与人之间是需要表达爱意的，只不过需要选择恰当的表达方式。一般来说，爱可以直接表达，如运用语言和肢体语言（搂抱、亲吻、拍肩等）；也可以间接表达，如通过电话、短信、微信、邮件等表达爱意；还可以用行动来表达，如陪伴，与所爱的人共度时光；为对方做事情，满足对方的需要；在纪念日送礼物等。

爱的英文是 LOVE，即：L 代表 Listen，倾听；O 代表 Overlook，宽容、宽恕；V 代表 Voice，表达，说出来；E 代表 Effort，努力与付出。如果我们善于从以上四个方面来表达我们的爱，我们的家庭乃至社会、世界都会变得更加和谐、美好！

再次，学会感受爱。爱是一种主观感受，一个人具备了爱的能力，就能及时感受到来自家人、朋友和社会的爱。反之，就会因缺乏感受爱的能力，而让自己的爱心枯萎。而提高感受爱的能力要从以下两个方面入手：

一是善于从积极视角看问题。当你学会从积极视角分析问题，多从好的方面看待家人和他人的行为动机时，你就会感受到他们的善意和关爱。比如：当父母因为你犯了某个错误而惩罚你时，你要想到父母的出发点是好的，是希望你记住这个教训，以后不再犯同样的错误，而不是父母与你过不去，或者父母不爱你。

二是拥有感恩之心。感恩是一种处世哲学，一种生活态度，也是一种人生智慧。怀着一颗感恩的心生活，我们会时时发现人性的美好，生活的美好，感受到人世间的快乐和爱。英国有一句谚语：怀着爱心吃蔬菜，胜过怀着恨吃牛肉。的确，虽然我们吃的是粗茶淡饭，但是因为我们心中充满了平静，充满了爱，所以我们依然感觉到生活的快乐。相反，那些心中充满了嫉妒、仇恨的人，即使生活富足，也开心不起来，更谈不上感受幸福。所以，无论你是达官贵人，还是平民百姓；无论你是腰缠万贯，还是一贫如洗，只要你常怀一颗感恩之心，珍惜自己拥有的一切，用爱心和善良去面对他人和生活，就能时时感受到家人对你传递的爱、社会对你传递的爱，从而感到生活的美好，世界的美好。记住：善待别人就是善待自己，怀着爱便是怀着幸福。

（三）家庭是幸福的源泉

幸福是什么？你让一千个人来回答，就会有一千种答案。年轻人说，幸福，是依靠在恋人宽阔肩膀上的甜蜜；中年人说，幸福，是抚摸儿女细嫩皮肤时的慈爱；老年人说，幸福，就是子孙满堂，享受天伦之乐；女人说，幸福是拥有一个健康的身体，一份称心的工作，一个深爱你的老公，一个美满的家庭。其实，幸福是人们对现实生活的主观感受，是一种积极的心理体验，一种持续的精神满足。其实幸福很简单，它就在我们生活的点点滴滴中，比如口渴时的一杯水，回家时的一盏灯，思念时的一行泪，久别后的一个吻……几乎所有的幸福都与家庭有关，家庭是幸福的源泉。

1. 放飞自由

虽然人们对幸福的理解不同，但幸福的深层涵义中一定包含了自由的成分。这种自由是超越一切物质财富，人们追求的一种深刻的精神满足，是心灵上冲破一切羁绊，免于恐惧、免于奴役、免于伤害和满足自身欲望、实现自我价值的一种舒适和谐的心理状态。

在心理学上，自由是按照自己的意愿做事。就是人能够按照自己的意愿决定自己的行为。这种决定当然是有条件的，是受到自己本身的能力、掌握的信息、外界环境的制约等限制。但是人的意识可以自己按照各种条件的约束，自主地选择如何行为。如果这种选择是发自内心的选择，就可以说是自由的；如果是受到了外界的强制和干涉，就是不自由的。

如果说，人在社会中要受到社会因素的制约，自由程度会大打折扣的话，那么，家庭应该是人放飞自由，回归本真的港湾。因为在家人面前，你可以无拘无束，可以口无遮拦，可以撒娇任性，可以素面朝天。家人可以给你最大的接纳与包容，可以给你最多的欣赏与认同。所以，爱一个人，就要给他最大的尊重和自由，就要倾听他的心声，满足他的需求，帮助他成为自己，而不是成为你的附属品。这是爱的真谛。

2. 营造和谐

在家庭生活中，有和谐才有幸福。家庭和谐是指在家庭成员之间相处融洽、夫妻互爱、长幼互亲，给家庭带来欢乐、祥和的氛围。家庭和谐是人与人和谐、人与社会和谐、人与自然和谐以及人身心和谐的基础。因此，营造和谐的家庭氛围需要处理好夫妻关系、亲子关系以及手足关系，做到夫妻相爱，母子连心，手足情深，全家共享天伦之乐。

（1）营造完美的二人世界

家庭和谐是爱人之间的一种深情，心心相印，亲密无间；家庭和谐是爱人之间的一种牵挂，彼此关爱，互相惦记；家庭和谐是爱人之间的一种默契，心灵相通，真爱无声。这种至真至美的二人世界是两个生命的完美结合，是家庭和谐的最高境界，需要夫妻用心来经营，用爱来创造。

列夫·托尔斯泰有句名言：幸福的家庭都是相似的，不幸的家庭却各有各的不幸。那么，美满婚姻的要素有哪些呢？

▶对婚姻的期望值恰当

▶给对方自由的空间

▶以满足对方的欲求为乐

▶及时沟通思想

▶学会欣赏和赞美对方

▶家务分工协作

▶和谐的性生活

所以，要学会经营婚姻，使爱情之树常绿。以下婚姻经营之道可以帮助你获得美满的婚姻。

▶以亲吻开始每一天

▶接纳彼此的差异

▶尽量响应对方的要求

▶表达恩爱的肢体接触

▶在纪念日互赠礼物

▶安排浪漫假期

▶多肯定对方

▶耐心聆听

▶追忆两情相悦的美好时光

▶宽恕对方的过失

▶礼遇彼此的亲友

以下是关于婚姻美满度的小测试，你不妨看看自己的婚姻质量如何，有哪些需要改进的方面。

婚姻美满度测试

下面是关于婚姻状况的描述，共15题，请根据您的婚姻状况作出“是”和“否”的选择。

①我们会因为同样的笑话开怀大笑，会在很多事情上保持默契。

②我们的生活习惯，包括吃、穿、用等方面基本相同，没什么大的分歧。

③只要是和我的爱人在一起，就算被困在荒岛上几个星期，我也心甘情愿。

④在哪里吃饭比吃什么更难以让我们达成一致，因为我们一个注重吃饭的环境，另一个更看重食物的质量。

⑤我为我爱人的职业感到骄傲，我爱人也很支持我的职业。

⑥如果有机会去海边，我们中会有一个人兴奋地去冲浪，另一个人

则宁愿躺在海滩上晒太阳。

⑦两个人都有相同的道德倾向，对那些傍大款、富婆的人，我们都会厌恶。

⑧制订计划的时候，我们中的一个人会郑重其事地找出笔记本，写在上面，另一个则常常是随手抓一张废纸，用它的背面。

⑨我们对当前社会上的一些时髦现象，如染彩色头发、穿露脐装等持有共同的态度。

⑩我们中的一个人在吃的方面很简单，爱好方便面和汉堡，另外一个则对营养和美食颇有研究。

⑪对于一些有争议的社会热点问题（比如同性恋婚姻、是否可以克隆人）我们持相同的立场。

⑫在生活习惯上，我们中的一个人习惯把衣服叠好，整齐地放进抽屉，另一个人则是随便地把它塞进去。

⑬我们中的一个人如果给自己的父母送去一些钱或礼品，另一个人会表示理解。

⑭对夫妻生活，两个人都比较热衷，而且很融洽，在一起的感觉很好。

⑮有一方或者双方都不想谈论有关性的问题，觉得只要做得好就可以了，这种问题没有必要两个人谈论。

分数评定：

·每题回答“是”得1分；回答“否”得0分。

·得分在6分以下：你们的婚姻生活有很大的隐患，两个人的分歧太多，生活中容易出现矛盾，两个人还没有很好的磨合。

·得分在7—10分：婚姻生活比较美满，双方有分歧，也有互补性，如果关系处理得好，肯定是美满的一对。需要注意的问题是遇到争执的时候需要保持冷静。爱，需要双方的共同呵护。

·得分在10分以上：婚姻生活已经经受了考验，两个人在各方面都比较默契，需要注意的是不要因为太熟悉而产生厌倦心理。

（2）建立和谐的亲子关系

父母是孩子生命的缔造者。家庭是培养孩子爱心、慷慨、无私、责任感、合作精神与创造性等优良品质的最佳场所。亲子关系从孩子呱呱坠地那一刻就开始了，并将陪伴他走完全部的人生旅程。因此，亲子关系对孩子一生的发展都具有重要作用，将直接影响子女的身心健康、态度行为、价值观念及未来成就。特别是在婴幼儿时期，亲子互动的模式和感受对孩子未来的生活态度、行为模式、人格结构和人际关系状况都将产生重要影响。那些在良好的亲子关系中能够感受到被爱、被需要、被欣赏、被接受的孩子，往往奠定了未来与他人建立良好关系的基础。而家庭冷漠、爱的需要得不到充分满足的孩子长大后不易相信别人，不善于建立良好的人际关系。

建立和谐的亲子关系，父母要做到以下几点：

①爱孩子，无条件地接纳孩子，这样能够帮助孩子建立起安全感和归属感；

②对孩子充满感激之情，让孩子感觉他对父母很重要，这样能够帮助孩子建立起价值感；

③经常运用肢体语言和话语对孩子表达父母的慈爱之情，把爱的讯息传递给孩子；

④花时间和孩子在一起，让孩子感受到父母的陪伴和重视；

⑤体现出责任感，让孩子知道爱是同责任联系在一起的，学会为自己的行为负责；

⑥尊重孩子的想法，给孩子自由的空间；

⑦多赞美鼓励孩子，帮助孩子获得自信心；

⑧批评孩子要就事论事，不要否定孩子的全部，更不能羞辱、贬损孩子，要

维护孩子的自尊心。

三、众人拾柴火焰高

社会是由个体组成的，社会的和谐与发展需要个体的付出与协作。同时，每个人又都生活在一定的群体之中，是社会群体的一员。个人的发展与群体息息相关。因此，每个公民都应该培养社会责任感，积极为群体的发展贡献力量。同时，充分发挥群体的力量，使个体在群体中获得更好的发展。

（一）1+1>2 的奥秘

马克思在《资本论》中指出："单个劳动者的力量的机械总和，与许多人手同时共同完成同一不可分割的操作所发挥的社会力量有本质的差别。这里的问题不仅是通过协作，提高了个人生产力，而且是创造了一种生产力。这种生产力本身必然是集体力。"① 马克思认为，在大多数生产劳动中，单是社会接触就会引起竞争心和特有的精力振奋，从而提高每个人的个人工作效率。这些精辟的论述，揭示了"整体大于部分之和"，协作可以创造新的生产力的思想。

1. 探寻群体动力

人是社会的动物，任何人都在特定的群体中占据一定的位置，受到群体的影响。一个好的群体会对个体的发展产生巨大的推动作用。

群体（group）是指为了达成共同的目标，相互依赖彼此间互动的二人以上的集合体。群体也称为团体。群体内部蕴含着巨大的能量，即群体动力，这种力量可以影响个体、改变个体、成就个体。

团体动力学理论创始于30年代末期的美国，创始人是德国的心理学家勒温。

① 马克思：《资本论》第1卷，第378页，北京：人民出版社，2004年。

1938年勒温在《社会空间实验》一文中提出了场论的概念。场论是借用物理学中场的概念来解释心理活动的理论。它把人的心理和行为视为一种场的现象，是人与环境的函数，可用公式表示为：$B=f(PE)$。B是行为，P是个人，E是环境。在这里，环境是指心理环境。随着动力场的千变万化，人的心理和行为也随之变化。场论坚持研究个人与心理场之间的相互作用，强调群体氛围会对个体的心理和行为产生影响。

在群体环境中，群体可以使成员产生认同感、归属感、力量感，可以满足群体成员尊重的需要。

（1）使成员产生认同感

群体的认同感是指群体成员明确意识到自己是群体中的一员，在重大事件和原则问题上，都能保持和群体一致的认识和评价。群体心理会作用于群体成员的认知层面，使群体成员在认知上与群体保持一致。一般认为，群体认同感有两种，一是自觉的认同。当群体内人际关系密切，群体对个体的吸引力大，群体能实现个体的价值，满足个体的需要时，群体成员会主动与群体认同，保持一致的认识，这就是自觉的认同。而当个体在群体压力下，为避免被群体抛弃或受到其他成员的冷遇而保持和群体一致的认识，属于被动的认同。群体成员对群体的认同感使得群体规范对成员具有约束作用。

（2）使成员产生归属感

归属感是指个体在行动中表现出和群体要求协调一致，个体对群体有强烈的依恋感，在群体取得成就或遭遇失败时，个体会有相应的情感体验。群体心理作用于群体成员的情感层面表现为使群体成员获得心理上的安全感和归属感，摆脱孤独感和恐惧感，感到自己是群体中的一员，满足自我确认的需要。

群体归属感由于群体内聚力的程度不同而不同。心理学家的研究发现，在两种情况下个体对群体的归属感最强：当群体取得荣誉时，激发成员的自豪感，而增强其归属感；当群体遇到外界压力时，成员团结一致，共同对外，此时归属感也会大大增强。

(3) 使成员产生力量感

个体在群体中通过与他人交往，可以获得友情，寻求心理支持和慰藉。同时，当群体成员表现出符合群体规范和群体期待的行为时，群体就会给予鼓励、赞许，使个体体验到来自群体的支持，并把这种支持转化为强化行为的力量。群体的支持力量可以鼓舞个体的勇气和自信，唤醒个体的内在潜力，使个体做出一个人独处时难以完成的事。特别是在复杂的社会环境和恶劣的自然环境面前，群体可以增加个人的力量感，为其带来战胜困难的勇气和力量。而离开群体的支持，任何个人力量都显得十分渺小和微不足道。

(4) 满足成员尊重的需要

个体在群体中，通过与他人互动，来调整自己的观点和行为，获得与群体成员的一致性。这样，一方面可以增加自信，减少心理冲突；另一方面，还可以获得他人的认可和良好的评价。个体在群体中所获得的地位和评价皆可以满足其自尊的心理需要。

总之，群体的认同感对群体成员的认识给以知识和信息；群体归属感给个人情感上的满足和安慰；群体的支持则给个人以力量使个体的活动能坚持不懈。

2. 发挥群体作用

在群体环境中，由于群体对个体心理的影响，使得个体出现一些独处时所没有的行为。充分发挥群体对个体的积极作用，有助于提高个体的行为效率，从而促进群体效率的提高。

(1) 社会助长作用

早在1897年，美国心理学家特里布莱特（N. Triplett）就做过系统的群体效应研究。他发现，自行车运动员在比赛时的成绩总是好于个人单独练习时的成绩。后来，他设计了两个实验，一是骑自行车，二是绕线团。他让被试者在三种情境下骑自行车完成25英里路程。第一种情境是单独骑自行车计时；第二种情境是骑车时让一个人跑步相伴；第三种情境是与其他骑车人竞赛。结果显示，单独骑车计时的情况下，平均速度为每小时 24 英里；第二种情况下时速达 31 英里；而竞争情境下平均时速为 32. 5 英里。在绕线团的实验中，他仔细观察了一个人单独活动和与他人一起活动时的效果，发现有他人在场，效率明显提高。后来，F. H. 奥尔波特于 20 年代在哈佛大学进行了一系列有关社会助长作用的研究。他们发现社会助长作用的确广泛存在，并且不仅可以引起人们行为效率在量上的增加，而且也可以在有些工作上提高行为的质量。因此，人们就把他人在场对个体活动所产生的积极的影响称为社会助长作用。那么，为什么他人在场能提高个体活动的效率呢？他们通过研究认为，其他人在场对于个体来讲是一种社会刺激，这种刺激唤起了个体的竞争意识和被别人评价的意识，成为个人行为的内驱力，促使其活动效率的提高。

根据社会助长作用，当人们从事简单劳动时，可以以群体共同劳动的方式进行，如车间的计件劳动、体育比赛等。此时，人们的行为效率会大大提高。

（2）脑力激荡

心理学家奥斯本（A. F. Osborn）1957 年提出，群体一起来解决问题，具有个人所没有的特殊“脑力激荡”（brainstorming）作用，使人们找到更多具有新颖性和独创性的问题解决方法。

所谓脑力激荡是指在群体交流的气氛中讨论问题，可以激发个人对问题的兴趣和投入水平，能够使成员间相互得到启发，使思维达到积极、活跃的高激活状态。所以，社会心理学家主张，在解决复杂问题时，发挥群体作用的最佳途径是采用脑力激荡方法对需要解决的问题集思广益，最终找到最佳解决问题的方案。

（3）社会标准化倾向

美国心理学家谢利夫（M. Serif）为了研究群体情境下人的行为效果和单个人情境下的差异，曾经在大学生中做过许多有关知觉判断的实验。比如判定线段的长度，矩形的大小，推测壶中豆子的多少等。他发现，被试者单独受试时，被试与被试之间，判断有明显的差异；而多数人一起受试时，被试的答案则倾向于一致的意见。他把这种倾向一致的意见叫做标准化。他认为：人们在共同活动中，心理上存在一种标准化的倾向，即人们对外界事物的共同认识和判断上，发生类化现象，彼此接近，趋向一致，从而导致模式化、固定化。

其实，社会标准化倾向就是一种从众行为。即当个体在群体中受到群体的压力时，常常会不知不觉地在知觉、判断及行为上，表现出与群体中多数人一致的现象。当需要在群体中形成共识时，在社会标准化倾向的作用下，群体成员就会在某种程度上调整自己的观点，改变自己的态度，以保持与群体大多数人一致。

（二）凝聚集体力量

古人云："能用众力，则无敌于天下；能用众智，则无畏于圣人。"古往今来，凡成事者，无不善于借众造势，发挥群体优势。当今社会，随着知识经济时代的到来，各种知识、技术不断推陈出新，社会竞争日趋激烈。在很多情况下，单靠个人能力已很难处理各种错综复杂的问题并采取切实高效的行动。所有这些都需要人们组成团队，依靠集体的力量创造奇迹。

1. 学会团队合作

俗话说：单线不成丝，独木难成林。一个人的力量不足以撼动万物，一个人的言论不足以颠覆思想，一个人的智慧不足以改变世界。而同心山成玉，协力土变金。这就是团结的力量，这就是协作的价值。因此，团结协作是一切事业成功的基础，个人和集体只有依靠团结的力量，才能把个人的愿望和团队的目标结合起来，超越个体的局限，发挥集体的协作作用，产生 1 +1 >2 的效果。

有人曾做过一个实验，把七八只黄蜂同时关进一个密封的小木箱里，几天以后将它打开，发现木箱的四壁，分别多出了七八个小洞，每个洞里各有一只死去的黄蜂。而这些小洞，最浅的也超过了木板厚度的一半。也就是说，只要这些黄蜂在危急关头能够团结合作，每一只都在同一个位置轮流钻上一段，那么完全可以轻易打破木箱，化险为夷，走出绝境。可遗憾的是，它们一个个只顾各自逃命，最后全部命丧黄泉。

这个故事告诉了我们团结起来力量大，团队合作才是生存之道。

（1）培养团队精神

团队精神是大局意识、协作精神和服务精神的集中体现。团队精神的核心是协同合作，反映的是个体利益和整体利益的统一，并进而保证组织的高效率运转。团队精神是集体成功的重要保障。在这个世界上，任何个人的力量都是渺小的，只有融入团队，只有与团队一起奋斗，才能实现个人价值的最大化，才能成就自己的卓越！正如雷锋所说：一滴水只有放进大海里才永远不会干涸，一个人只有当他把自己和集体事业融合在一起的时候才能最有力量。

在2014年世界杯足球赛的半决赛上，巴西队在主场迎战“日耳曼战车”德国队。这是一场整体足球对球星足球的胜利。没有人否认巴西球星们在个人技术上的天赋和优势，但由于每个球员都想让绿茵场成为尽展自己球技的舞台，最终在整体推进、团结一致，具有华丽的配合的德国队面前，巴西队一溃千里。1∶7！巴西惨遭世界杯历史上最大比分输球之耻辱。“日耳曼战车”在7分钟内造就了4球入账的神奇场景。巴西队痛失冠军的教训说明了“团队精神”才是克敌制胜的法宝。

团队精神意味着为了集体的利益和目标，能够主动与他人合作，不计较个人的一时得失；团队精神意味着能够看到同伴的长处，与同伴互帮互助，取长补短；团队精神意味着能够为了实现共同目标而尽心尽力。

著名数学家华罗庚为了我国数学事业的发展，不顾个人名利，对人才兼容并蓄，毫无门户之见，不遗余力地培养了一大批顶尖数学人才，如陈景润、王元、杨乐等，建立了具有国际水平的我国数学人才团队。他戏称自己的肩膀是“人梯”，让年轻一代踩着他的肩膀攀登数学的更高峰。陈景润就是踩在华罗庚先生的肩膀上完成了“哥德巴赫猜想”，摘取了数学王冠上的明珠。华罗庚先生这种宽阔的胸怀和甘为人梯的团队精神正是他行为的动力，使他在获得数学方面的卓越成就的同时，也得到了人们对其人格的敬仰。

(2) 倡导良性竞争

竞争与合作相互联系，密不可分。两者共存才能促使集体形成合力并不断发展壮大，才能推动社会不断向前发展。因此，一个缺乏竞争的集体，将失去前进的动力，但是一个没有合作的集体，也将一事无成。所以，在集体中应倡导良性竞争。良性竞争是在承认别人的长处，为他们喝彩的同时，努力发挥自身的潜力，争取超越他人，实现共同进步。

在我国开展的96个运动项目中，乒乓球运动的迅速崛起和长盛不衰，无疑是其中最抢眼、最可圈可点的。据统计，从1926年至2010年，世界乒乓球锦标赛共产生314个世界冠军，中国获89.5个，居首位。1988年乒乓球成为奥运会比赛项目以来，共产生16个冠军，中国队取得13枚金牌，居第一。中国乒乓球运动员在世界三大赛中获得冠军总数为124.5个。这在世界乒乓史上是绝无仅有的。

中国乒乓球队在半个多世纪的历史长河里砥柱中流、坚不可摧，取得了骄人的战绩。中国乒乓球的优势更多地表现在充分发挥集体的智慧和力量。中国乒乓球队一方面强调合作，针对技术难点和弱点集体攻关，组织男女对练，男帮女练，注意发现、培养与世界强手打法相似或相同的运动员，建立起“乒乓小世界”，让他们与主力队员捉对训练或“模拟训练”，增强训练的针对性和实战性；另一方面，中国乒乓球队还鼓励竞争，引入竞争机制，在平时的训练和选拔中，倡导用实力说话，用技术服人。这种“合作+竞争”带来的双赢局面，使得运动员无论是在训练中还是比赛中，都能够超越个人的情绪和成败得失，达到更高的体育境界。

中国乒乓球的发展历程说明了集体的力量和集体的发展，有赖于集体中每个成员既敢于竞争，又善于合作。

2. 巧用心理效应

心理效应是社会生活中常见的心理现象，是某种人或事物的行为引起其他人或事物产生相应变化的因果反应或连锁反应。在团体中，由于团体和团体中的他人对个体的心理和行为都会产生相应的影响，使得个体在团体中会出现自己独处时不曾有的行为。因此，正确认识、了解、掌握并运用团体心理效应，对提高团队动力和团队行为效率都有重要意义。

（1）异性效应

在自然界中有一条普遍规律，即同性相斥，异性相吸。这条规律在人类中同样存在，同样发挥作用。异性之间具有极强的吸引力。

兰德和赛特尔在 1974 年曾做过实验，让男性阅读评判论文，论文的封面上均贴有论文“作者”的照片。结果发现，同等水平的论文，女性“作者”的分数高于男性，而且漂亮的女性“作者”的得分与论文实际水平的差距最大。这说明异性效应的存在，也说明体貌效应的作用。

在日常生活中，我们经常可以看到女性对待男性，一般要比对待女性热情、耐心；而男性对待女性，一般要比对待男性热情、礼貌一些。这便是心理学上的“异性效应”。这种现象是建立在异性相吸引的基础上的。人们一般对异性感兴趣，特别是对外表讨人喜欢，言谈举止得体的异性更感兴趣。可以利用异性效应来调动人的积极性、鼓舞干劲，提高团队效率。如搞活动时男女混合编组，竞赛时组织异性啦啦队等。

（2）自己人效应

人们在相互交往过程中，一般总是和熟悉、亲近的人容易沟通。即当双方均把对方当作“自己人”时，就会关系融洽，来往频繁，有共同语言，无戒备心理，彼此的观点、思想、情感、态度等容易相互影响，形成共识。

群体中的管理者要善于运用“自己人效应”，善于“制造”自己人。在社会生活中，“自己人”的支点很多，如相同的地域、相同的民族、相同的职业、相同的年龄等。同乡、同学、同龄、校友，以至于同兴趣、同爱好、同特长、同缺陷的人等都可以成为“自己人”。如果作为一名管理者能够与每个团队成员都成为“自己人”，那么，就拉近了彼此间的心理距离，增强了团队的影响力、感召力。

（3）皮克马利翁效应

皮克马利翁效应又称罗森塔尔效应，亦称期待效应。罗森塔尔曾做过一个实验。对小学各年级的学生进行“预测未来发展的测验”。测验完成以后，告诉老师们，这几十名学生将来有发展前途。八个月以后再来调查，结果发现，这几十名学生的学习成绩明显提高。而事实上所说的那几十名学生是随机抽取的，并不是真的比其他学生有发展前途。所谓的“测验”只不过是制造的一种假象，是为了让老师和学生们相信。那么，为什么会出现这样一种成绩明显提高的效果呢？罗森塔尔用古希腊神话中的一个故事来说明这种现象。有个叫皮克马利翁的雕塑家，精心雕刻了一个少女像，几乎倾注了他的全部心血，于是感动了上帝。上帝便赋予这尊少女雕像血肉和灵魂，这个少女雕像变成了一个真正的少女。所以这种现象被称作皮克马利翁效应。即不管是什么样的人，只要对他倾注心血，他就会有显著进步，就会出现奇迹。

当管理者把团队成员当作聪明的、有发展前途的人来对待时，你就会善于发现他的优点和长处；就会欣赏、赞扬他的优点和长处；就会提供机会让他展示他的优点和长处；就会原谅他的失误和缺点等。一句话，就是对他给予更多的期待，相信他能够创造奇迹。正因为如此他就会提高自信，增强信心，充分发挥自己的主观能动作用。于是他就会进步，就会取得更大的成绩，甚至会出现奇迹。

（4）霍桑效应

霍桑效应是从霍桑实验中得出的一条规律。

霍桑是美国西部电气公司的一间工厂的名称。1924 年至 1933 年间美国一些学者在霍桑进行了一系列实验研究。实验最开始研究的是工作条件与生产效率之间的关系，包括外部环境影响条件（如照明强度、湿度）以及心理影响因素（如休息间隔、团队压力、工作时间、管理者的领导力)。这一系列试验研究中有一个“谈话实验”，即用两年多的时间，专家们找工人个别谈话两万余人次，并规定在谈话过程中，要耐心倾听工人们对厂方的各种意见和不满，并做详细记录。结果这一“谈话实验”收到了意想不到的结果：霍桑工厂的产量大幅度提高。这是由于工人长期以来对工厂的各种管理制度和方法有诸多不满，无处发泄，“谈话实验”使他们的这些不满都发泄出来，从而感到心情舒畅，干劲倍增。社会心理学家将这种奇妙的现象称为“霍桑效应”，即由于受到额外关注和有效宣泄不满情绪而引起绩效或努力上升的情况，也称“宣泄效应”。

霍桑效应说明，当人们在自己的行为受到社会关注、受到周围人关注的时候，往往会以积极的态度做出反应。在组织中，如果人们感到自己的一言一行受到了关注，自己的意愿受到了重视，自己的建议得到了认真对待，那么他们就会以更加饱满的热情投入工作，投入学习。

团体管理者应当关注每一名团队成员，使每个人都能感到他是受重视的，他不是可有可无的。这种心理环境，会使每个人都能获得内在激励，提高工作和学习效率。

（5）组合效应

恩格斯在《反杜林论》中曾引用这样一种说法：两个马本留克兵绝对能打赢三个法国兵；一百个法国兵与一百个马木留克兵势均力敌；三百个法国兵大都能战胜三百个马木留克兵；而一千个法国兵则能打败一千五百个马本留克兵。这是对组合效应的形象表述。人员搭配与组合很重要、有些可产生正效应，即有效组合；有些则产生负效应，即无效组合。

据此，团队管理者在团队管理过程中，一定要根据人的心理特点、行为能力、思想觉悟、道德品质和人际关系状况等进行合理的搭配和组合，以充分发挥群体优势，形成互补效应，提高团队的战斗力，使得团队成员间配合默契，互相帮助，互相促进。

(6) 标签效应

在第二次世界大战期间，由于兵力不足，美国政府就决定组织关在监狱里的犯人上前线战斗。美国政府特派了几个心理专家对犯人进行了战前的训练和动员，并随他们一起到前线作战。训练期间心理专家不是对他们进行说教，而是特别强调犯人们每周给自己最亲的人写一封信。信的内容由心理专家统一拟定，叙述的是犯人在狱中的表现是如何地好，如何地接受教育，改过自新等。专家们要求犯人认真抄写后寄给自己最亲爱的人。三个月后，犯人们开赴前线，专家要求犯人给亲人的信中写自己是如何服从指挥，如何勇敢等。结果，这批犯人在战场上的表现比起正规军来毫不逊色，他们在战斗中正如他们信中所说的那样服从指挥，那样勇敢战斗。后来，心理学家就把这一现象称为“标签效应”。

团队管理者要正确使用“标签效应”。要给团队成员多贴一些正向的标签、激励性的标签，如“你真棒”“你能行”“你很出色”等，这样可以激发被教育对象的热情和潜力，发挥其积极作用。万万不可给团队成员贴上消极的标签，这样会扼杀他们的上进心、自尊心，打击其积极性，使其自暴自弃。用人时不仅要用人不疑，更要善于给其贴上自信的标签。

(7) 鲶鱼效应

挪威渔民每次出海打鱼归来，都会在放沙丁鱼的鱼舱里放几条鲶鱼，以挑起它们和沙丁鱼之间的争斗，使大量的沙丁鱼在紧张中不断地游动，其结果不但避免了沙丁鱼因窒息而死亡，而且还能保证它们都活蹦乱跳地抵达港口。这种现象后来被人们称之为“鲶鱼效应”。鲶鱼好斗，攻击力强，虽然数量不多，却是强势团体，几条鲶鱼就会让所有的沙丁鱼都游动起来。

团队管理者在管理上要善于运用鲶鱼效应。“鲶鱼”可以指那些素质高、业务精、能力强、作风硬、感召力强的人。“鲶鱼”会打破现有的平衡，给周围的人带来压力，使人产生危机感从而更好地工作。使群体形成竞争的局面，使周围的人在不知不觉中仿效并追随之，从而充分激活群体中每一个人的能量，提高群体效率。

（三）培养社会责任感

季羡林先生曾经说过，“在人类社会发展的长河中，我们每一代人都有自己的任务，而且绝不是可有可无的”，“如果人生有意义与价值的话，其意义与价值就在于对人类发展的承上启下、承前启后的责任感”。社会责任反映的是个体与社会的关系，其价值取向是社会的整体利益。正是这种社会责任感，推动着人类社会不断向前发展。

然而，随着市场经济的快速发展，越来越多的人开始关注个人命运，追求个人利益，甚至出现了自私冷漠、弄虚作假、坑蒙拐骗等违背道德、违反法律的行为，导致人们价值取向的偏离和社会责任感的缺失。而社会责任感一旦缺失，则意味着人性的沦丧，社会的溃败，我们生活的世界必将陷入混乱和冷漠，人类社会的进步和发展也将无从谈起。因此，守法、诚信、公平、自律，应当始终成为每个公民的价值规范和行为准则。与此同时，人们还应当有更高的境界和追求，不能仅仅满足于谋求个人利益，贪图个人享受，而是要学会承担更多的社会责任，维护正义，敢于担当，富有爱心，成为一个有益于社会和他人的人。

1. 提高公民意识

公民意识是指公民个人对自己在国家中地位的自我认识，也就是公民自觉地以宪法和法律规定的基本权利和义务为核心内容，以自己在国家政治生活和社会生活中的主体地位为思想来源，把国家主人的责任感、使命感和权利义务观融为一体的自我认识。公民意识强调的是人在社会生活中的公德意识、民主意识、责任意识等基本道德意识。

公民意识是社会意识的一种存在形式，是一种现代意识，是在现代法治下形成的民众意识。它表现为人们对“公民”作为国家政治、经济、法律等活动主体的一种心理认同与理性自觉，又体现为保障与促进公民权利，合理配置国家权力资源的各种理论思想。具体体现为视自己和他人为拥有自由、权利、有尊严、有价值的人，勇于维护自己和他人的自由、权利、尊严和价值的意识，这种意识还包含公民对于国家和社会的责任感。具体来说，公民意识主要体现在以下几个方面：

（1）主体意识

主体意识是公民对自己在国家中主人身份的认同和感知，即认识到自己是作为国家的主体和主权的保护者而存在的。一个具有主体意识的公民首先应该具有人格意识。即公民必须是一个具有独立人格，具有理性和反思能力的理智存在者。其次，具有主体意识的公民还应具有自主意识。在市场经济条件下，公民必须养成自主地判断、选择、决定并勇敢地承担决策后果的习惯，从而成为一个能够为自己行为负责的人。

（2）权利意识

权利意识指公民作为国家的主人落实到个人而应享受的权利，它包括财产权、平等权、自由权、受益权和参政权等。权利意识来自于“天赋人权”的思想，即认为人的基本权利是永恒的、天赋的，是先于国家而存在的，国家产生后，行使国家权力的政府其职能就是要保护人们的这些与生俱来的自然权利不受侵犯。权利意识是公民意识的核心。

（3）参与意识

公民的参与意识，主要是指公民作为政治共同体的成员，具有积极参与（包括直接参与和间接参与）权力运行的主人意识，实质上也是一种践行权利的意识。公民的监督意识是公民参与意识的具体体现，也是权利制约机制的思想保障，国家权力受到人民的监督是人民主权原则的核心所在。可见，公民一旦明白自己的政治地位和权利是什么，就不再成为政治权威的附属品，而是外化为自觉的参与活动，对公共权力运行的方向、过程和结果发生现实的影响。正是在参与中，公民才能切身体会自己的权利和义务，并逐渐形成理性的参与意识。公民的主体意识和权利意识是公民的参与意识存在的逻辑前提。

（4）责任意识

公民的责任意识是指公民清楚地知道什么是公民应尽的责任，并自觉、认真地履行社会职责，把责任转化到行动中。责任意识是一种自觉意识，责任是使命的召唤、能力的体现、制度的执行。只有能够承担责任、善于承担责任、勇于承担责任的人才是可以信赖的人。决定一个人成功的重要因素不是智商、领导力、沟通技巧等，而是责任——一种努力行动，使事情的结果变得更积极的意识。在现实生活中，人类文明发展要求人要具有沿袭文明、发展文明的责任意识；关心国家政治生活的责任意识；承担生活角色的责任意识。

（5）公德意识

公德意识是规范人与人之间在社会公共生活领域交往行为的规则意识。随着传统社会向现代社会的转变和发展，人们的公共交往领域在不断扩展，人际交往半径大大突破了以往的地域限制。人与人之间，尤其是陌生人之间的社会交往日益频繁、复杂，需要用社会公德的形式约束着人们的行为举止，使得社会机器有序运转，人们之间和谐相处。

（6）法律意识

法律意识是人们对于法和有关法律现象的观点、知识和态度的总称。法律意识是一种观念的法律文化，表现为探索法律现象，对现行法律的评价和解释，对法、法律制度了解、掌握、运用的程度，以及对行为是否合法的判断等。由于每个人都拥有独立的意志，所以在国家运行的过程中，公民必须有法律意识和规则意识，即依据明确的规则来协调各种相冲突的意志和行为，而不是以某个人或某个利益集团的意志为转移。

总之，公民意识是公民的主体意识、权利意识、参与意识、责任意识、公德意识和法律意识等多个层面的有机统一。公民意识体现了社会成员对自己基本社会身份的认同，也是公民支配自己社会行为的基本价值观念，广泛表现在社会成员参与政治、经济、法律、道义等社会生活的各个方面。

构建社会主义和谐社会，需要每个公民的积极参与，因此亟需培养公民意识，提高公民素养。一是加强社会公德意识教育，根据“五爱”公民道德建设的基本要求，确立理性的价值追求和选择，努力做一个好公民；二是加强权利和义务意识教育，使全体社会成员正确认识个人与社会、社会与国家的辩证关系，明确权利和义务的含义和内容，理解公民权利和义务的特点，以养成自觉行使公民权利和履行义务的意识；三是加强国家意识教育，要使每一个公民树立国家观念，维护国家利益，懂得报效祖国、报答社会；四是加强民主与法制教育，促进公民对民主与法制关系的正确认识和理解，强化公民对国家制度、法律制度的合理性、合法性认同，实现知法、守法、用法这一法制教育的主要目标；五是加强公民诚信教育，倡导诚信待人、诚信处事、诚信学习、诚信工作的社会风气，培养公民的诚信美德，形成社会的诚信风尚。

2. 培养担当精神

社会进步是由人的创造能力决定的。人作为构成社会有机体的唯一能动要素，通过参加社会劳动创造一定的社会生产力，通过参加变革生产关系的实践，以及参与政治和精神生活，促进社会上层建筑和意识形态的发展和变化，推动着整个社会不断向前发展。因而，人的发展程度决定劳动及其产品的发展程度。个体发展得越全面、越充分，社会的物质财富和精神财富就创造得越多，整个社会的文明程度也就越高，人民的生活也就越能得到改善。由此可见，个人发展是社会发展的前提和基础，为社会发展提供动力支持。所以，作为个体要努力培养社会责任感，明确相应的社会规范和社会价值标准，培养担当精神，认清自己在社会中的地位和应负的责任。学会自尊、自爱、自律、自强，主动承担对社会、集体和他人的责任。

在湖南怀化学院的校园内，每天早上一位23岁的男生，都会用自行车，把一个10多岁的小女孩送到石门小学，晚上再接回到他们的住处——男生宿舍下的楼梯间。这位男生就是2003年从河南省西华县考入怀化学院经济管理系的洪战辉。而那位小女孩和洪战辉并没有血缘关系，是犯有间歇性精神病的父亲捡来的弃婴。由于母亲离家出走，这位捡来的妹妹就由他一手带大。从洪战辉读高中时，他就一直把妹妹带在身边，一边读书一边照顾年幼的妹妹，靠做点小生意和打零工来维持生活，如今已经照顾了 12 年。洪战辉的事迹经过媒体报道后，再一次激发人们的感动和爱心，在全社会掀起了净化心灵的浪潮。2005 年洪战辉被评为感动中国的人物。

可见，人的责任感不但是个人生存和社会发展的必要条件，也是维系人与人、个人与社会之间关系的基本纽带，是人生一切创造性劳动和高尚行为的内在动力。洪战辉的事迹告诉我们，做一个有社会责任感的人，积极承担自己的人生责任，度过一个有意义的人生，应当成为每个公民的共同价值追求和人生理想。虽然，我们中的大多数人平凡而卑微，但这并不妨碍我们成为一个具有公民意识、普世情怀的人。多一分热情、主动和勇敢，多一些对社会的关注和对他人的关爱。当别人遇到困难和不幸时，能够毫不犹豫地伸出援助之手；当面对腐败和不良现象时，能够大胆地发出质疑和批评的声音；当面对邪恶和危险时，能够勇敢地挺身而出……只有这样，我们的人生才会变得更有价值和意义，我们生活的世界也将因人性美的彰显而变得更加美好。让我们“把忠心献给祖国，把爱心献给社会，把孝心献给父母，把诚心献给朋友，把信心留给自己”，做促进社会进步与发展的合格公民。

第五章　大自然是我们共有的家园
——倡导人与自然和谐相处

只有服从大自然，才能战胜大自然。——达尔文

大自然是善良的慈母，同时也是冷酷的屠夫。——雨果

大自然孕育了人类，是人类生活的家园。然而，随着科学技术的快速发展，人类对自然环境的破坏和损害日趋严重，生态环境呈现日益恶化的趋势。土地、矿产、水资源被无节制开发和使用，大气、河流、海洋的污染愈发严重，森林在萎缩，沙漠在扩大，生物物种在减少，臭氧层正出现越来越大的空洞，极端气候频发，给人类带来的破坏性愈来愈大……

随着全球气候变暖，极端天气事件频发，呈现出增多增强的趋势。高温不断刷新历史记录，2013 年 6 月 18 日中央气象台发布首个高温蓝色预警。截至 7 月 29 日，全国有 43 个市县日最高气温超过 40℃，53 个市县出现极端高温天气；地震、洪灾无情而至。截至 7 月 23 日，中国 2013 年已发生 23 次 5 级以上地震，包括辽宁省辽阳市、青海省玉树藏族自治州、西藏自治区阿里地区、四川省雅安市等，造成重大人员伤亡；干旱致农民饮水困难、颗粒无收。2013 年全国干旱地区多集中在南部地区，西南、西北部分地区出现严重春旱。广东汕头南澳岛遭遇 30 年最严重旱情……

这是 2013 年我国气候的真实写照。由此可见，人类与自然的矛盾日益突出，我们生活的家园已经千疮百孔。因此，人类要实现可持续发展，必须深刻反思并

正确认识人与自然的关系，树立生态意识，培养生态责任感，学会与自然和谐相处，共存共荣，实现人与自然的和谐发展。

一、人是地球村的居民——正确认识人与自然的关系

人类在地球上一出现，就和自然环境发生着关系。从对大自然的崇拜、敬畏到对大自然的征服、战胜，都没有处理好与大自然的关系问题，以至于或者受制于自然，或者主宰自然，站在了自然的对立面。因此，只有正确认识人与自然的关系，树立人与自然相互依存的整体观念，人与自然才能和谐相处，人类的行为才能体现目的性与规律性的有机统一。

（一）摆正人在自然界的位置

在相当长的历史时期内，人类都无法正确认识与自然界的关系，摆正人类在自然界中的位置。在人类诞生之初，由于生产力水平低下，人类尚未形成有效调控自然的能力，因此，人的生存和发展在很大程度上是受制于自然界的，人类只能以人事天，以对自然的有限的认识能力和影响力寻求人与自然的一致，维持生存和繁衍。在这种情况下，崇拜自然、依赖自然、顺应自然，与天地万物为一体，就成为在人与自然的关系问题上的一种最古老的观点。

进入近代以后，工业革命大大增强了人类改造自然的能力，人类能够在更大的范围内和更深的程度上对自然界进行改造和统治，使得人类的欲望迅速膨胀，把大自然看成主宰和掠夺的对象。人与自然的关系发生了深刻的变化，自然界由统治人类的异己力量成为人类征服和索取的对象，人类与自然日益走向对立。

虽然人类征服自然的行为可以在短期内为人类带来经济效益，但最终的后果是毁灭自己的生存环境，导致资源耗竭、能源危机、环境污染、土地荒漠化、生物多样性消失、极端性气候增多等，威胁人类自身的生存与发展。因此，面对种

种人类生存困境，人们不能不深刻反思过去几百年对自然的掠夺行为，并深刻反省以往的生产方式、生活方式、思维方式、行为方式乃至价值取向，重新定位人类在自然界中的位置，正确处理人与自然的关系。

其实，人是自然生态系统的成员，像任何生物一样，是生命系统的一部分。人类与自然界相互依存，人只有依赖于自然界、依赖周围的环境才能存在和发展。正如马克思所说："所谓人的肉体生活和精神生活同自然界相联系，也就等于说自然界同自身相联系，因为人是自然界的一部分。"① 因此，人类只是地球的居民而并非主宰。人类周围的自然环境并非只为人类自身而存在，其他生物具有与人类平等的生存权利和存在价值。那种把人类凌驾于自然之上，企图主宰自然、征服自然的观点是错误的。对于自然界，我们只能去认识，在认识自然的基础上，顺应自然规律、利用自然规律来拓展人类的生存发展空间。人类登上高峰，游过长河，飞上蓝天，潜入海底，都只不过是对自然的进一步认识，如果说战胜了什么，那也只是战胜了自己，哪里谈得上征服自然？其实，人类根本不可能征服自然，在大自然面前，人类是渺小的，是微不足道的。所以征服自然的想法和做法是可怕的，由此带来的严重后果是大自然对人类的报复。正如一百多年前恩格斯指出的："我们不要过分地陶醉于人类对自然界的胜利，对于每一次胜利，自然界都会对我们进行报复。"生态哲学家拉兹洛在《决定命运的选择》一书中也指出："在这个世界上能生存下去的人未必都是最强者，而是最能与他们的人类同胞和系统共存的人。"

罗布泊就是因为人类的征服变成了一片荒漠。过去的罗布泊是广阔、美丽、充满生机的湖泊，周边是牛马成群、绿林环绕、河流清澈的生命绿洲。一位见证了罗布泊兴衰的世纪老人这样形容罗布泊的昨天："湛蓝的晴空如一幅油画盖在我们头顶；柔软的白云如棉花般贴在一片

① 《马克思恩格斯全集》，第42卷，第95页，北京：人民出版社，1979年。

蔚蓝之中；小巧的鸟儿如曲线般划过天际；连绵的草原如绸缎般铺在大地上；五彩的花朵如星星般点缀其间；成群的牛马如箭般穿梭于天地之间。听吧——那清澈的小溪流水潺潺，那翡翠般的仙湖时而水平如镜，时而翻波涌浪，野鸭、鹭鸶以及很多无法叫上名字的美丽鸟儿为这里配上了美妙动听的音乐……”

而现在罗布泊却变成了一片死寂的荒漠，漫漫黄沙滚滚来，片片胡杨成死海，土地贫瘠，寸草不生，恐怖狰狞，罕见生命。昔日的美景早已化为历史风烟，早年的绿洲完全不见踪影。

湖泊完全干涸的原因，一是20世纪20年代塔里木河曾经人为改道，导致下游干旱缺水；二是盲目滥用塔里木河水资源，致使下游河道干涸、罗布泊断水，生态环境彻底破坏。一个美丽的湖泊，曾经造就了辉煌的文明；一片富饶的绿洲，曾经创造了灿烂的文化。今天却由于人为造成的环境恶化而毁灭消亡了。我们不希望第三次文明的断裂发生在我们这一代人身上，我们应该对罗布泊负有责任与义务。但愿罗布泊带给我们的是一次生态启蒙和生态觉醒！

（二）提高生态意识

生态意识是一种反映人与自然环境和谐发展的新的价值观，它从人与自然相互依存、和睦相处的生态道德观点出发，强调从生态价值的角度审视人与自然的关系，注重维护社会发展的生态基础，倡导爱护自然环境，维护生态平衡。生态意识是现代社会人类文明的重要标志。日益恶化的生态环境急切地呼唤人们提高生态意识，在利用自然资源的同时，深刻认识环境污染和破坏的危害性，有计划地保护环境，促进人类与环境协调发展。

人类生活在一定的自然环境之中，是生态系统的主体，也是影响、干预和改造自然环境的社会因素。长期以来，由于人们生态意识缺乏造成的不恰当的实践方式导致了自然界的严重破坏，使生态环境恶化趋向极限，同时也将人类自身置于危险的生存困境中。目前，全球面临的十大环境问题：气候变暖、臭氧层破坏、生物多样性减少、酸雨蔓延、森林锐减、土地荒漠化、大气污染、水体污染、海洋污染、固体废物污染，几乎都是人为因素造成的。由于人与自然的长期分离与对立，使得人类的内心世界隐藏着巨大的危机，形成“人类中心观”和物质化的价值观，把人作为单纯的价值主体，无视自然界维系动态平衡的客观需要和条件，认为只要对人类有利，人类对其他存在物所采取的任何掠夺行为，都是合乎道德的。其后果不仅造成了对自然环境的严重破坏，也对人类的生存和健康带来了巨大的威胁。因此，解决人与环境的矛盾，应从建构人类正确的生态观念入手，提高人们的生态意识，改变人类危害环境的行为模式和生活方式，这不仅是自然持续发展的需要，也是人类自身发展的需要。

在儒家博大精深的思想体系中，蕴含着丰富的生态伦理思想的精华，富有极其深厚的生态伦理底蕴。《诗经·周颂·时迈》有“怀柔百神，及河乔岳”的说法，即对百神、河川和大山都要善待。儒家创始人孔子提倡天道生生，仁爱万物。孔子说：“天何言哉？四时行焉，百物生焉。”（《论语·阳货》）这里所谓的天是指生生不已的自然之天，人、天、地、万物与自然都是一体的，保持和谐相通。孔子站在道德伦理的高度要求人们爱护自然界，他说：“伐一木，杀一兽，不以其时，非孝也。”（《孝经》）儒家反对竭泽而渔、覆巢毁卵等滥用自然资源的短期行为，主张“不时不食”，提出“取之有度”“取物不尽”“用之有节”的生态道德和可持续发展的思想。他们在肯定人在自然界中具有最高价值的同时，也肯定了无机物、植物和动物在自然的进化之链上具有高低不同的自身价值。孟子第一次明确提出并初步回答了生态道德与人际道德的关系问题。《孟子·尽心上》说：“君子之于物也，爱之而弗仁；于民也，仁之而弗亲。亲亲而仁民，仁民而爱物。”在他看来，道德系统由生态道德和人际道德两部分构成，人际道德高于生态道德，“仁民”是“爱物”的前提，通过“仁民而爱物”这一途径可以实现生态道德和人际道德的统一、人与自然的和谐。可见，儒家把人类的人性关怀按照血缘亲疏关系推广到人类以外的自然万物，并且以生态伦理来约束人类对自然的行为。儒家这一思想昭示我们：人类必须将人伦道德扩展到整个自然界，确立与自然万物共生共存的大生命观，才能拯救我们共同的未来。

（三）培养生态情感

人与环境处于同一个发展系统，自然界塑造人类的心理世界，人类的心理世界也塑造自然界。只有培育起人们热爱生命、热爱自然、与自然和谐相处的内在情感，才能真正实现人与自然的和谐发展。

古人以曼妙的诗句来赞颂人和大自然的这种和谐之美。“方宅十余亩，草屋八九间。榆柳荫后檐，桃李罗堂前。暧暧远人村，依依墟里烟。狗吠深巷中，鸡鸣桑树颠”；“人闲桂花落，夜静春山空。月出惊山鸟，时鸣春涧中”。我们在青山绿水的环抱之中，去感悟大自然的神奇与美丽、幽雅与静谧，享受大自然带给我们的精神愉悦和心灵洗礼。人对大自然这种向往、依恋之情，就是一种深厚的情感。

网上曾热传一组照片，引起了很多人的关注。照片描述一个出生于1990年非洲纳米比亚的法国小女孩Tippi，从小跟随拍摄野生动物的父母在丛林中长大，影集记录了她与动物之间生动、有趣的故事。与野象相亲，同鸵鸟共舞，还有变色龙、牛蛙、狮子、狒狒……她会和动物说话、会用眼睛和动物交流。坐在大象头上，她感觉这是世间最快乐的事；而鸵鸟的背很柔软，坐上去很舒服；变色龙是她最美的“饰品”；就连危险的豹子她也尝试着去和它接近。一个个给她带来奇趣、快乐、惊险、幻想、以至皮肉之苦的动物，最终都成为她最好的朋友。她10岁回到巴黎，将她与非洲各种野生动物生活在一起的动人故事编撰成书，配上她父母现场拍摄下的130多幅难得的照片，唤起了人们对自然和动物的亲近、热爱之情。她说，“动物从来不凶猛，但比较好斗”，只要理解它、尊重它、爱护它，不招致它的误解，就能从动物那里得到善意的回报。

孩子的心灵是纯真的，他们凭着自己的本性去亲近大自然，那一幅幅充满爱意的画面，唤醒了我们内心对大自然的渴望和爱意。我们应该亲近自然，感受山的雄伟、水的灵动。我们可以去做动物的朋友，与它们嬉戏，和它们共处。

被称为“滇池卫士”的云南农民张正祥35年保护滇池，痴心不变。他的事迹令人动容，令人震撼。

张正祥1948年出生在滇池边一个叫富善村的白族村寨，5岁时父亲去世，7岁时母亲离家出走。白族人爱山，爱水，爱自然界的一切生态。这种原始而淳朴的自然生态观，在张正祥身上似乎展现到了极致。于是，当他陆续失去双亲，走投无路时，就选择这座山、这片水作为自己的情感寄托。“亲生父母虽然给予我生命，但是滇池西山对我有养育之恩。谁伤害它们，我就跟谁过不去……”这种观念，影响了张正祥的一生。

从1980年开始张正祥走上了保护滇池环境的艰难之路。滇池四面环山，蕴藏着丰富的磷矿和石灰石，而且埋藏浅、品位高。一些人为了谋取私利瞄上了西山上丰富的物产，盗伐树木、开采矿石的现象十分严重。“看着一棵棵熟悉的大树消失，我心疼啊……”张正祥把自家的养猪场卖了，住到西山上，当上了护林志愿者，向破坏滇池生态环境的行为宣战。

在过去的35年间，张正祥花光了所有积蓄，妻子孩子受他“连累”先后离他而去。为了告倒向滇池排污的企业，他不屈不挠，数次被人砍杀，致使右眼失明，右手残疾，全身留下百十处伤疤。他用牺牲整个家庭和健康的惨重代价告倒了160多家向滇池排污的企业，“赶走”了63家大型采石场和多家准备在滇池边做房地产项目的地产商。

30 多年来张正祥为保护滇池走过的路相当于围绕滇池跑了 2000 多圈。张正祥说，一直以来，我有一个梦想，如果有一天我死了，我想把自己的生命变成森林，种植在滇池附近的山体上。这样生态的生命还照样活着，照样守卫着滇池西山。

张正祥对大自然的朴素情感是他爱护环境、守护滇池的情感基础，他对滇池 35 年不变的深情是他做好“滇池卫士”的不竭动力。正如张正祥描述他对滇池矢志不渝的爱恋：爱你就像爱生命！

二、天地合气，万物自生——遵循自然发展的客观规律

东汉杰出的唯物主义思想家王充提出“天地合气，万物自生”，认为宇宙万物的运动变化和自然界万物的生成是客观存在并遵循其自身规律自然发展的结果，不受人的主观意志所主宰，宇宙间不存在什么造物主。这种朴素唯物主义思想揭示了人要想在大自然中获得生存和发展，就要遵循自然发展的客观规律，爱护自然环境，维护生态平衡。

（一）普及生态知识

自然界的生物之间以食物链的形式相互依赖、相互制约、相互补偿、相互协调，构成一个和谐的生物世界。但是，如果人为地打破这种平衡，对自身赖以生存的生物资源过度“开采”，就会动摇人类的生存基础，危及人类的生存和发展。所以，人们必须了解生态知识，提高生态意识，尊重生态规律。

我国的生态教育虽然从 20 世纪 80 年代就已经起步，但当前生态教育的现状却不容乐观。我国的中小学至今还没有专门的生态教育课程。“环保教育”的内容往往比较零散，蕴藏在各学科知识中，有关合理利用资源、保护环境、人与自然共荣共存的教育内容比较缺乏。正是这种缺乏导致了我国公民普遍缺乏生态知

识，对为什么损害了自然物就等于损害了人类自身的利益，为什么继续砍伐森林就会拉动一系列连锁反应直至把人类引向死亡，为什么灭绝一个看来并无多大用处的物种就埋下了人类灭种的隐患，在水、土、气、阳光、各种动植物和人类活动之间究竟是怎样发生联系的以及为什么人与自然荣毁共当、休戚与共等一系列生态问题缺乏理性的认识。而缺乏生态科学的知识背景，公众就很难对生态危机的严重程度产生足够的认识，必然导致环境保护意识淡薄，在处理人和自然的关系、眼前利益和长远利益的关系时，常常以人的利益需要为唯一尺度，以眼前利益为出发点，做出浪费资源、污染环境、破坏生态平衡的短期行为。可见，缺乏生态知识为理性基础的生态教育是表面和肤浅的。因此，生态教育应以与地球共生的教育为起点，使人们了解支撑生命的基本系统、能源流、生命链之间的相互关系及其形成变化，掌握认识、利用、保护和美化生态环境的基本知识，懂得世界上的一切生灵都是千丝万缕地联结在一起的。这个星球的一切存在都是彼此支撑的，个人的幸福与整个地球的幸福密不可分。所以，我们只有把生态知识的普及与生态伦理的宣传紧密结合，生态道德之“理”才会变得充实、丰满而具体。

1977 年联合国教科文组织在第比利斯召开的国际环境教育大会上，对生态教育、环境教育提出了三项目标：

（1）促使人们清醒地意识、关心到城市和农村地区的经济、社会、政治和生态之间的相互依存的关系；

（2）使每个人都有机会获得保护和改善环境所需要的知识、价值标准、观点、义务和技能；

（3）在怎样对待环境问题上创造出新的行为典范。

这三项目标应该成为我国生态教育的目标，并把生态教育纳入中小学及国民教育体系，加强生态知识的普及和生态道德教育，这样才能深化人类对于生态环境问题的科学认识，提高公民的环境意识，培育人们的生态道德，培养公民良好的生态行为。

可喜的是生态教育已经日益得到社会的重视。浙江省永嘉县第十五中学校长杨建南多年来致力于各种社会公益活动和学生的环境教育，创办了全国第一个个人教育网站，积极参与全国各地与环保相关的建言献策活动。自2005年以来，他已提出环保“金点子”达4000余条，被誉为“中国环保建议第一人”。他提议将环境保护的相关课程纳入中小学教育，并在学校率先将环保教育纳入常规的教学计划，与学生的德育教育、行为习惯教育和法制教育等有机结合起来。除此之外，学校每学期还要组织十余次与环保有关的教育活动。比如以环保为主题的演讲、写生、变废为宝小制作竞赛等等，通过这些方式培养学生们的环境意识。因对环境教育贡献突出，杨建南被评为浙江省绿色公益使者、浙江教育十大影响力人物、“杜邦杯”环境新闻人物、中国青年丰田环境保护奖、第四届“母亲河奖”、“责任中国”2011公益人物提名奖等，体现了全社会对环境教育的日益重视。

（二）维护生态平衡

在自然界中，不论是森林、草原、湖泊——都是由动物、植物、微生物等生物成分和光、水、土壤、空气、温度等非生物成分所组成。每一个成分都并非是孤立存在的，而是相互联系、相互制约的统一综合体。它们之间通过相互作用达到一个相对稳定的平衡状态，称为生态平衡。生态平衡是指生态系统内两个方面的稳定：一方面是生物种类（即生物、植物、微生物、有机物）的组成和数量比例相对稳定；另一方面是非生物环境（包括空气、阳光、水、土壤等）保持相对稳定。生态平衡是一种动态平衡。当生态系统处于平衡状态时，系统内各组成分之间保持一定的比例关系，能量、物质的输入与输出在较长时间内趋于相等，结构和功能处于相对稳定状态，在受到外来干扰时，能通过自我调节恢复到初始的稳定状态。生态平衡是生物维持正常生长发育、生殖繁衍的根本条件，也是人类生存的基本条件。

破坏生态平衡的因素有自然因素和人为因素。自然因素如水灾、旱灾、地震、台风、山崩、海啸等，由自然因素引起的生态平衡破坏称为第一环境问题，由人为因素引起的生态平衡破坏称为第二环境问题。由于现代科学技术的发展和人类以自我为中心的求利行为，使得人们不断探索、利用、征服、统治自然，使得人为因素造成的第一环境问题和第二环境问题急剧上升，生态平衡遭到破坏。可见，人为因素是造成生态平衡失调的主要原因。而人类对自然环境的破坏将带来一系列严重后果。

首先，人类对生态系统的破坏造成环境质量恶化。人类将生产和生活产生的大量废气、废水、垃圾等不断排放到环境中，造成环境污染，如空气污浊、饮用水源质量下降等，威胁人的身体健康和人类的生存与繁衍。加拿大两所大学于2007 年 10 月合作发表的报告称，环境污染每年大约造成 2. 5 万名加拿大民众死亡，带来 2. 4 万个新的癌症病例，以及 2500 个体重不足的新生儿。① 同时，人类对自然资源不合理利用或掠夺性利用，诸如盲目开荒、滥砍森林、水面过围、草原超载等，都会使环境质量恶化，生态平衡失调。世界卫生组织 2007 年 7 月发布报告显示，水污染、食物残留农药、土壤含铅量超标等，都可能改变儿童脆弱的生理组织。生活在世界最贫穷地区的儿童，每 5 个人中就有 1 个活不过 5 岁。②环境污染还制约社会经济发展。如耕地水土流失和盐碱化，造成粮食大幅减产、国际粮价攀高，食品短缺日趋严重。

其次，人类对生态系统的破坏使生物种类改变，某些生物濒临灭绝。在生态系统中，盲目增加一个物种，有可能使生态平衡遭受破坏。例如美国于 1929 年开凿的韦兰运河，把内陆水系与海洋沟通，导致八目鳗进入内陆水系，使鳟鱼年产量由 2000 万公斤减至 5000 公斤，严重破坏了内陆水产资源。同时，在一个生

① http：//news. china. com/zh_ cn/news100/11038989/20071207/14530844. html.
② 引自《人民日报》，2007 年 12 月 7 日。

态系统，减少一个物种也有可能使生态平衡遭到破坏。20 世纪 50 年代中国曾大量捕杀过麻雀，可是在大量捕杀了麻雀之后的几年里，却出现了严重的虫灾，使农业生产受到巨大的损失。究其原因，就在于消灭了麻雀，害虫没有了天敌，就大肆繁殖起来，导致了虫灾发生、农田绝收。更为严重的是，生态系统的破坏会使某些物种濒临灭绝。20 世纪 70 年代末期，两栖动物的数量开始锐减，到了 1980 年已有 129 个物种灭绝。2005 年初，一份全球两栖动物调查报告《全球两栖动物评估》显示，所知的全球 5743 种两栖动物有 32% 都处于濒危境地。① 联合国环境规划署在 2011 年 5 月 22 日“生物多样性日”来临之际，发表《生态系统与人类福祉报告》指出，近几十年，随着经济的发展，生物多样性遭到了严重破坏。自工业化初期至今，全球渔业资源减少 90%；1/3 的两栖动物、1/5 的哺乳动物和 1/4 的针叶树种濒临灭绝。

再次，人类对生态系统的破坏使全球变暖。根据 2007 年 4 月联合国政府间气候变化专门委员会第四次评估报告，大气中二氧化碳浓度已从工业革命前的 280ppm（百万分之一单位）上升到 2005 年的 379ppm，超过了近 65 万年以来的自然变化范围，近百年来全球地表平均温度上升了 0.74℃。这份报告还预计，未来 100 年全球地表平均温度还可能上升 1.1—6.4℃。全球气候变暖将给地球带来严重的后果。它使南极冰雪受热融化，海水膨胀，造成海平面升高，直接威胁着沿海国家以及世界上 30 多个海岛国家的生存和发展。据联合环境署提供的资料，在 20 世纪内海平面已经升高了 10 至 25 厘米，预测 21 世纪继续上升 15—95 厘米。如果这一预测成为事实，世界各地海岸线的 70% 将被海水淹没。50 年后，像马尔代夫那样的岛国将消失在汪洋大海之中，某些沿海城市，如大阪、曼谷、威尼斯和阿姆斯特丹等，将完全或局部被海水淹没。此外，全球变暖会使水蒸发加快，进而改变气流的循环，使气候变化加剧，引发高温、干旱、飓风、洪涝等

① 引自《动物世界》，2013 年 7 月 20 日。

灾害性天气，近年来接连出现的“厄尔尼诺”和“拉尼娜”现象，都与全球气候变暖有直接关系。英国政府发表的《斯特恩报告》指出，全球范围内，仅因气候变暖造成的经济损失将占 GDP 的 5%—10%。报告强调，在未来 50 年，如果不能采取行动，每年就将有高达 3000 亿美元的经济损失。①

最后，人类对生态系统的破坏导致森林锐减。森林是人类赖以生存的生态系统中的一个重要组成部分。地球上曾经有 76 亿公顷的森林，到 20 世纪时下降为 55 亿公顷，到 1976 年已经减少到 28 亿公顷。由于世界人口的增长，对耕地、牧场、木材的需求量日益增加，导致对森林的过度采伐和开垦，使森林受到前所未有的破坏。据统计，全世界每年约有 1200 万公顷的森林消失，其中占绝大多数是对全球生态平衡至关重要的热带雨林。以巴西的亚马逊森林为例。亚马逊森林居世界热带雨林之首，但是，到 90 年代初期这一地区的森林覆盖率比原来减少了 11%，相当于 70 万平方公里，平均每 5 秒钟就差不多有一个足球场大小的森林消失。

由此可见，一个生态系统的调节能力是有限度的。人类的行为一旦超出生态系统的阈限，生态系统就会丧失自我调节能力和恢复能力，生态平衡就会遭到破坏，生态系统就会衰退，甚至崩溃。而生态系统一旦受到破坏，有些平衡就无法重建了，带来的恶果可能是人的努力无法弥补的。因此，人类要尊重生态平衡，追求人口、资源、环境与社会之间的平衡与协调，追求发展的自然规律与社会规律的辩证统一，努力纠正人类有关自然界的错误行为，营造人与自然和谐发展的美好生态家园。

（三）建设生态文明

良好的生态环境是人和社会持续发展的根本基础。早在 2007 年，党的十七

① 引自《人民日报》，2007 年 12 月 7 日。

大报告就指出："建设生态文明，基本形成节约能源资源和保护生态环境的产业结构、增长方式、消费模式，使生态文明观念在全社会牢固树立。"生态文明作为全面建设小康社会的奋斗目标首次写入党的政治报告中，这是我们党对人类社会发展规律、社会主义建设规律认识的深化和发展。

党的十八大报告从战略的高度进一步阐述了生态文明建设的重要性，特别指出："建设生态文明，是关系人民福祉、关乎民族未来的长远大计。面对资源约束趋紧、环境污染严重、生态系统退化的严峻形势，必须树立尊重自然、顺应自然、保护自然的生态文明理念，把生态文明建设放在突出地位，融入经济建设、政治建设、文化建设、社会建设各方面和全过程，努力建设美丽中国，实现中华民族永续发展。"

生态文明是人类对传统文明形态特别是工业文明进行深刻反思的重要成果，是人类文明发展的一个新的阶段；是人类遵循人、自然、社会和谐发展这一客观规律而取得的物质与精神成果的总和。生态文明是人类文明形态的重大进步，也是人类发展理念、道路、模式的可喜升华。它以人与自然、人与人、人与社会和谐共生、良性循环、全面发展、持续繁荣为基本宗旨，以建立可持续的经济发展模式、健康合理的消费模式及和睦和谐的人际关系为主要内涵，倡导人类在遵循人、自然、社会和谐发展这一客观规律的基础上追求物质与精神财富的创造和积累，注重人与自然协调发展和生态环境建设，是人类宝贵的思想财富。

我们今天强调建设生态文明，就是要走新型工业化道路，建设资源节约型、环境友好型社会，既提高人们的生活水平，又要改善生态环境，实现价值的多赢。人类只有树立人与自然平等和谐的价值理念，树立生态文明的观念，才能在行为上爱护自然、尊重自然、保护环境、维护生态平衡；才能主动地适应、补偿、调整和恢复自然；才能促进生态系统的良性循环、保持自然界整体功能的发挥和有效利用，为人类的生存、发展、自由创造一个健康的生态环境。

傅企平是浙江省奉化市滕头村的党支部书记，宁波滕头集团有限公司总裁，也是生态文明的先行者。10年来他带领村民实施“蓝天、碧水、绿地”工程：拆除农家柴灶，统一改用液化气，实现了无烟村；对污水进行处理，实现达标排放；种树种草，饲养白鸽、野水鸭等飞禽，建成了江南风情园、农家乐、农民公园、盆景园等20多处生态景观，实现了滕头村一级空气质量和67%的绿化率，使滕头村的生态文明建设实现了一次质的飞跃，成为全国生态文明的典范。滕头村先后被联合国评为“全球生态500佳”“世界十佳和谐乡村”。1999年傅企平获得“地球奖”，2000年被评为全国劳动模范，2006年荣获“新农村建设十大风云人物”。

“既要金山银山，又要绿水青山”是傅企平的名言。傅企平常说：“生态文明不是挂在嘴上的，而是要落实到生态环境建设上。让更多的人提高环境意识，是滕头人义不容辞的责任。要让每一个来到滕头村的人，都受到绿色的熏陶。”为此，他决定投资2000万元，建设国家级生态农业示范园区。为了加大宣传力度，他邀请专业机构制作了带有绿色使命的专题片和宣传资料，让来到滕头村的每一个人受到生态文明的教育。1998年，傅企平开始开发生态旅游，使更多人切身体会到绿色文明所带来的精神享受。他的工作得到了社会的肯定，滕头村先后被命名为浙江省宁波市首个“生态旅游示范区”“全国造林绿化千佳村”、全国生态示范区、全国环境教育基地。因为旅游业的迅猛发展，滕头村于2001年获得“国家AAAA级旅游区”称号，2006年旅游门票收入1060万元，综合收入4500万元，实现了金山银山与绿水青山交相呼应，完美统一的双赢目标。

为了保护滕头村的生态环境，10年来傅企平带领滕头人否决了46项高利润的投资项目，他们的信念是：凡是不利于环保、损害绿色的事，我们坚决不干。但是，凡是对环保有利的事，傅企平再难也干。随着事业的发展，眼界的扩大，傅企平已不满足仅在滕头村开展生态建设了。对绿色的执着，促使他办起了园林绿化公司，开始了对大江南北的绿化之路。在他的带领下，公司承办了诸多绿化项目，成为了全国绿化一级资质企业，实力不断壮大，在北京、上海等地设立了8家分公司，拥有苗木基地2.5万亩，年产值两亿元。2001年，北京申奥成功。傅企平争取到奥运会部分场馆的绿化项目，为2008奥运贡献来自滕头的一片绿意。傅企平还积极与周边村庄结对，成为他们村庄的生态建设顾问，帮助他们搞好环境治理，发展生态农业，种植花卉苗木，经营绿色农产品，共同走上致富之路。在傅企平心里，生态文明的绿色之花不仅要开遍滕头村，更要开遍神州大地。这就是一个普通农民的绿色情结，一个农村党支部书记走出的生态文明之路。

三、人类只有一个地球——树立环保节源意识

地球是我们共有的家园，我们应该热爱地球，爱她的青山绿水，爱她的蓝天白云，爱她的茫茫森林，爱她的青青草原……然而，由于人类的滥采滥伐，使得沙丘吞噬了万顷良田，洪水冲毁了美丽家园，干旱夺走了丰收的喜悦，地震打碎了亲人的团圆。由于人类的乱捕乱杀，使得物种在急剧地减少，人类的朋友惨遭涂炭。地球的资源是有限的，对破坏的承受也是有限的。一味的掠夺自然，征服自然，只会破坏生态平衡，使人类濒于困境。

1972年，权威智库罗马俱乐部发表《增长的极限》的报告，通过对20世纪百年的发展进行分析，得出的结论是：工业增长的无限性与地球资源的有限性及地球对人口增长和吸收污染的承受力出现巨大的不协调，“人口、工业化、污染、粮食生产和资源衰竭”使增长具有不可持续性。这份在30年后再版的报告又指出，在有限的环境资源中实现

无限扩张本身就是一个矛盾，经济的扩张意味着对能源、材料等的过度消耗，带来的结果是灾难性的。

因此，为了我们的地球母亲，为了让未来的天更蓝，水更清，树更绿，花更艳，人类可以尽情享受大自然的馈赠，在温暖的摇篮——草原上小憩，在灿烂的笑脸——阳光下嬉戏，在慈爱的怀抱——河流中沐浴，让我们树立环保节源意识，保护我们的地球母亲，珍爱地球上的一草一木，做地球的忠诚卫士。

（一）唤醒人类的生态潜意识

人作为从自然环境中剥离出来的一种智能生物，本质上与自然环境存在着一种天然的联系。这种联系除了物理—化学联系之外，人的心灵与之还有一种强烈的情感联结。中国社会长期的农业生活不仅培育了家园感、故乡情，而且最易引发人们对自然环境的亲和感，使人们对土地、树木、山川河流与周而复始变化的四时寒暑、日月运行有一种亲切感。中国较早的经典之一《诗经》中的许多诗篇就表现了人类跟随自然的节奏而生活的过程和情趣。人们在生活中体验到与自然界有着不可名状的息息相通之处，由此积淀为人与自然和谐冥契、天人合一的心理。因此，中国文化精神中的自然意识强调人应顺应自然、适应自然而生活，自然不是人类的征服对象，而是人类的朋友，是人类生存的家园。生态心理学家认为这种情感联结是人类固有的天性，是进化的遗产，他们称之为生态潜意识。

生态潜意识是人类的本性之一。但是，在人类社会的发展过程中，随着社会生产力的不断发展：人们征服自然、改造自然能力的不断提高，人们的生态潜意识被掩盖、抑制了，使人与自然日益走向对立。因此，我们要通过生态教育、环境教育唤醒人们的生态潜意识，使人们意识到：人来自自然并且一刻也不能离开自然，自然环境和人是一个不可分割的整体，人类保护自然环境不仅仅是为了获得持续、更好地生存与发展的环境，也是内心生态潜意识的本能需求。当人们的生态潜意识被唤醒，就能够从自然界出发来看待人的主体性、人的本性、人的价值和人的现实状况与未来命运，从而合理而有节制地发挥人的主体性力量，走向人与自然的和谐发展。正如环境律师 Christina Desser 在《树木应该有身份吗?》一文中指出的：人们对森林应该有一种忠诚的态度，就像对待亲人、家庭一样；破坏森林就是对人类自身的伤害；保护树木就是保护人类自己，是一种自卫行为。

（二）启发人们的生态危机意识

曾几何时，地球像一个美丽的母亲，哺育着她的儿女。她有着冷暖适宜的气候，清新湿润的空气，清澈湛蓝的天空，水丰草美的土地。鸟兽鱼虫过着自由的生活，花草树木散发着醉人的芳香，男女老少沐浴着灿烂的阳光。

然而，随着社会生产力的不断发展，自然环境遭到巨大的破坏，使得黑烟笼罩的天空中不见了鹰击长空的雄姿，污浊不堪的河水终结了鱼翔浅底的身影，与日俱增的人口使城市变得臃肿不堪，百孔千疮的地球母亲早已不堪重负。于是，气候变异，水土流失，温室效应，臭氧层空洞，水资源短缺，非典、禽流感、埃博拉病毒接踵而至，地球用她特有的方式在惩罚着人类。然而，不少人对此却视而不见，麻木不仁。根据国家环保总局与教育部共同组织的一次全国公众环境意识调查表明，1/3 的人认为“人应该征服自然来谋求幸福”，一半的人对我国环境状况变化趋势表示乐观，仅有 8. 3% 的人较多参与环境保护活动。这意味着仍有很多人不能正确地认识人与自然的关系，更多的人对我国的环境状况认识欠缺，对自身的环保责任不明确。而某些发达国家，从中小学就开始普及生态知识，其环境质量明显优于我国，但公众对环境的评价仍然很低，他们对身边环境表现出强烈的忧虑。这一现象说明，缺乏生态危机意识，公众就很难对生态危机的严重程度产生足够的认识。没有忧患，就没有心灵的震撼，也难以改变不正确的天人观，形成生态意识。因此，要加强环保宣传和教育，帮助人们形成生态危机意识，看到自然资源的日益枯竭、生态环境的日益恶化给人类带来的威胁和恶果，深化对大自然的敬畏感，时刻对宇宙星空、地球生命怀抱一种虔诚的敬畏之心，对生生不息的大自然充满由衷的敬意，从而尽最大的努力，去保护大自然。

宋克明是河南长垣县城关镇吕楼村的农民。2002 年发现黄河下游的支流天然文岩渠因沿渠企业将大量污水排放到渠内，致使渠水被污染，成为河南省污染最严重的河流之一。作为黄河之子，宋克明心急如焚。为了查清污染源，保护母亲河，宋克明骑着一辆破摩托车上路了，他行程 200 多公里，历时 10 天，进行明察暗访，获得了大量的一手证据，确定了沿途排放污水的企业，并写成调查报告，上交给长垣县人大代表整理成 5 份提案，提交给县人大，最终向天然文岩渠排污的企业被查办并关停。接下来，宋克明自掏腰包，请来北京等各地的环境保护专家、官员和新闻单位，在长垣县召开了“环境保护与可持续发展”的万人环保大会。在会上，宋克明共发放“保护母亲河倡议书”1 万多份，并通过新闻媒体的报道，向数以万计的人们传达了他的环保理念。随后，他创办了黄河流域第一家公益环保组织“绿色未来环境保护协会”，出任会长。2003 年至 2005 年，宋克明在黄河滩区湿地建立了 6 个鸟类保护站，使得黄河湿地的白鹭多达上千只，真正成为鸟类的天堂。2005 年，他又创建我国第一家由民间组织建立的“黄河生态监护站”，担负起保护黄河生态环境的责任。2005 年宋克明荣获“中国青年丰田环境保护奖”。2006 年荣获“地球奖”，2006 年 4 月 2 日，宋克明获得 2006 杜邦环境新闻人物排行榜入围大奖名单，排在第一位。宋克明认为，自己只是做了一些有益于环保的小事，而环保本身则是关系国计民生的大事，已到了不得不重视的程度。他说：“一个人的能量是有限的，只有不断提高公众的参与度，环保才有出路。”他投身环境保护的目的很简单，就是“给下一代的孩子留个干净的环境，也留个活路”。

宋克明作为一个普通农民，之所以长期致力于黄河生态环境的保护，无怨无悔、乐此不疲，就是因为他对黄河有着深厚的感情和强烈的忧患意识，不能眼睁睁地看着黄河的水质受到污染，母亲河受到伤害。这种公民的责任感和生态危机意识是他坚持环保事业的巨大动力。

（三）倡导环保节源意识

如前所述，由于人类对自然资源的无节制开发和肆意破坏，导致地球资源短缺，生态环境恶化。据估计，如果在全球维持一个西方国家那样的物质社会，将需要几个地球的资源。同时，我国更是一个自然资源极其短缺的国家，人均耕地、淡水、森林仅占世界平均水平的32%、27.4%、12.8%，石油探明储量只有世界平均水平的12%，天然气人均水平只有世界平均水平的4%。而据国家环保局的统计数据，在中国，重点钢铁企业吨钢能耗比国际水平高40%，电力行业火电煤耗比国际水平高30%，万元GDP总能耗是世界平均水平的3倍。这种高能耗下的经济增长，会因过度的消耗资源导致经济的不可持续增长。为此，联合国《21世纪议程》和《中国21世纪议程》都指出："可持续发展要求建立可持续消费模式。"胡锦涛也指出：中国将坚持科学发展观，贯彻节约资源和保护环境的基本国策，把人与自然和谐发展作为重要理念，促进经济发展与人口资源环境相协调，走生产发展、生活富裕、生态良好的文明发展道路。十八大报告中也特别强调："要节约集约利用资源，推动资源利用方式根本转变，加强全过程节约管理，大幅降低能源、水、土地消耗强度，提高利用效率和效益。"可见，节约资源是保护生态环境的根本之策。中国要走可持续发展的道路，就要加强生态文明宣传教育，增强全民节约意识、环保意识、生态意识，合理利用资源、有效保护资源，使人类的自我实现和幸福得到连续延绵和可靠保障。

徐海婷出生于香港，2岁时跟随父母定居深圳。她从小便对环保有着超乎寻常的兴趣和极大的热情。从小学三年级开始，每天忙着看环境科学书籍，上网查资料，学习环保知识。14岁时在深圳蛇口国际学校就读，担任初中部学生会主席、环保小组组长。徐海婷虽然年仅14岁，却热衷于环保事业，已经身体力行做了多年的环保宣传工作。她加入了深圳市义工联环保二组，在学习之余积极参加各种环保活动，成为深圳市最小的义工；她在学校组建了“环保小组”，在学校和社区开展各种环保宣传活动，帮助同学们和市民提高环保节源意识；她赴香港中文大学聆听环保专家的讲座，参与了清洁香港海滩、环保购物袋发放活动，以及“全球变暖”等宣传活动；她建立了个人环保网站，呼吁更多的人加入环境保护行列，该网站成为2006年联合国环境规划署网上公示、全世界推广网站；她就深圳市的“塑料袋污染”问题，给吕锐峰副市长和深圳市环保局有关领导写信，提出4点建议并被采纳。由于徐海婷对环保事业的极大热情和出色的英语表达，她多次代表中国儿童和亚太地区儿童出席联合国召开的世界儿童环保会议、世界儿童环保峰会、第三届全球人居环境论坛等，她的精彩演讲“应对全球变暖”“保护我们的水资源”“保护濒临灭绝的粉色海豚”及对环境保护的独特观点和采取的切实行动给联合国官员留下了深刻印象，获得了联合国秘书长潘基文，联合国安理会主席安瓦尔·乔杜里大使和联合国环境计划署北美区主任、联合国友好理事会主席努尔·布朗博士的表扬。联合国前秘书长安南将她的报告带到“纽约世界首脑会议”上展出，并授予她“世界儿童环保会议积极参与证书”。2006年徐海婷入选世界儿童环保峰会筹委会委员（全世界10名成员之一），也是唯一一位代表亚太地区的筹委会委员、首位代表亚太地区的中国儿童。2006年6月徐海婷荣获“深圳市民环保奖”，2006年9月获得了香港环境保护协会授予的“环保大使”称号。2006年12月，徐海婷获得“绿色中国年度人物”提名和首届“南粤十大环保之星”候选人提名。

徐海婷的事迹给我们上了很好的一课。一位14岁的小姑娘能够对环境保护有如此的热情和见的，并付诸行动，持之以恒。如果我们每一位公民都能像徐海婷学习，身体力行，像爱护自己的眼睛一样爱护环境，像节省自己的开支一样节约资源，我们的地球就一定能够重现昔日的风采！

四、保护碧水蓝天——倡导低碳生活

低碳生活就是一种绿色、健康、环保的生活方式，它是一种态度，而不是一种能力。低碳生活呼唤人们，从生活的各个细节出发，节约地球上的有限资源，保护地球环境，关心地球健康。节水、节电、节能、节油、节气等等都是低碳生活的体现。比如，白天少开电灯，出门随手关灯，及时关闭电脑，多乘公交车，把空调温度调高一度等。让我们从自己做起，选择低碳生活，保护碧水蓝天，回归自然天成。

（一）宣传低碳理念

“低碳”这个词越来越走进了我们的生活。所谓“低碳”就是减少二氧化碳的排放，保护环境。低碳理念是贯穿于经济、文化、生活的方方面面的。其衍生出低碳经济、低碳生活、低碳能源等概念，其核心在于加强研发和推广节能技术、环保技术、低碳能源技术等，共同促进森林恢复和增长，减少碳排放，减缓气候变化。

2009年12月在哥本哈根世界气候大会上，我国向世界提出了一系列减排的目标，如到2010年实现单位国内生产总值能源消耗比2005年降低20%左右，到2010年努力实现森林覆盖率达到20%，2020年可再生能源在能源结构中的比例争取达到16%等。2011年，《中华人民共和国国民经济和社会发展第十二个五年规划纲要》将应对气候变化作为重要内容，明确提出了减缓温室气体排放、适应气候变化、加强国际合作等方面的任务，并提出了单位国内生产总值二氧化碳排放比2010年降低17%的目标。2012年初，国务院批准发布了《“十二五”控制温室气体排放工作方案》，对实现温室气体排放控制目标进行了具体部署。

为弘扬“低碳”理念，减少二氧化碳的排放，我国各行各业积极开展节能减排活动，节约煤炭等化石能源，鼓励、推广太阳能、风能、水电等清洁能源和可再生能源的生产和消费；遏制高耗能产业的扩张，大力发展能耗低、污染少、效益高的产品与产业；结合正在开展的低碳试点和碳排放交易试点，鼓励减少二氧化碳排放的技术创新和制度创新。

同时，低碳生活已经成为社会生活的重要组成部分。低碳生活其实就是一种最自然的生活方式，倡导自然通风，自然采光，减少生活作息所耗用的能源，从而减低二氧化碳的排放。低碳生活对于公民来说，是一种为更多人着想的态度，更是一种责任，是把青山绿水留给子孙后代的环保信念。为此，需要我们改变生活方式，学习其他国家的先进经验。比如：北欧小国芬兰的低碳生活理念已成为流淌在每个公民血液中的一种文明了。每个芬兰公民都知道如何节能，没有人会在离开办公楼时让灯随便开着，也没有人会对礼品进行过分包装。这种低碳生活习惯不仅是时间打磨的，更是环境培养出来的。我们应该向芬兰学习，在日常生活中，从节水、节电、节气、节油和回收等环节来改变生活细节，减少奢侈消费，逐步形成低碳生活习惯。

（二）追求“精神绿色”

精神绿色与绿色生态文明紧密相联，指人们向往自然、接近自然、保护自然，与自然亲近或融合的一种理念和意识。“精神绿色”是一项新的“绿色”指标，是人类健康的新的衡量标准。以往的健康，关注人的身心和谐、个人与社会之间的和谐，而忽视了人与自然环境之间的和谐。其实，人的心理和行为不是孤立的、偶然产生的，而是置身于生态系统之中，与自然、社会发生着广泛的联系。自然环境不仅是人类生存的物质依托，而且具有重要的心理价值，对人们心理和行为产生广泛的影响。同样，人们对自然的认识和行为也对自然环境产生着深刻的影响。因此，在生态文明建设过程中，需要在全社会大力倡导“精神绿色”，引导人们亲近大自然、造福大自然、滋养大自然，在大自然中陶冶情操、创造价值、感受快乐，塑造一颗热爱自然的心灵。

杨善洲生前曾任云南省原保山地委书记，1988 年退休。为了改变家乡的生态环境，造福家乡人民，退休后他主动放弃了省城舒适的生活条件，带领家人回到家乡大亮山，历尽艰辛义务造林 20 多年。

大亮山位于保山市施甸县城东南约 50 公里，海拔在 1800—2619 米。杨善洲的家乡就在大亮山脚下的姚关镇陡坡村。20 世纪六七十年代，由于当地经济社会发展滞后，当地农民缺衣少粮，就开始大规模的毁林开荒，原本翠绿的大亮山遭到极大破坏，生态环境急剧恶化。山光水枯，荒凉空旷，山石裸露，山间溪流逐年减少乃至枯竭，当地农民饮水大多要到几公里外的地方人挑马驮，周边十几个村也陷入了贫困境地。

“我要回家乡种树，为家乡百姓造一片绿洲。”正是凭着这种信念，怀着对故土的眷恋和对群众的热爱，杨善洲在退休后的第三天就说服家人，回到家乡施甸县大亮山义务植树造林，一干就是 20 多年。他带领群众住窝棚、睡草席，吃包谷面、烧芋头，顶烈日、冒严寒，建成约 5.6 万亩的大亮山林场，价值超过 3 亿元，使昔日的荒山变成了绿洲。2009 年 4 月，他将大亮山林场经营管理权无偿交给了国家。

杨善洲在退休后没有选择在家养老，而是把余生留给了大亮山。杨善洲的价值在于为子孙后代留下了一片绿洲，为大自然披上了一片绿装。杨善洲的生命也随着林木的生长融进了那片翠绿，留在了人民的心中。杨善洲的生命虽然停止了，但他追求的“精神绿色”却是永恒的！

大自然不仅受人类的滋养，同时也滋养着人类。大自然的青山绿水、湖光山色对人类的身心具有重要的调节功能。唐诗曰：“山光悦鸟性，潭影空人心。”观赏自然风光，呼吸清新空气，令人心旷神怡，神清气爽，有助于消除烦恼，愉悦身心，修身养性。比如，漫步在碧波荡漾的湖畔，使人心情恬静，身心放松；面对一望无际的草原，使人心胸开阔，荣辱不惊；登上耸入云霄的山蜂，使人踌躇满志，奋发向上。可见，自然环境可以调节身心，增进健康。我国著名古建筑专家与园林艺术家陈从周教授认为，不同气质类型的宜选择不同的自然景观。比如，多血质者应去名山大川，直抒胸臆；胆汁质者宜游游亭台楼榭，平和心境；抑郁质和粘液质者则以观今古奇观和起落较大的险景胜地为上，改变抑滞。此外，欣赏大自然美景，还可以激起人们对社会、人生的思考，使人的境界得到升华。康德曾经说过，大海之所以伟大，除了它美丽、壮阔、坦荡外，还有一种自我净化的功能。因此，回归自然，与大自然相依相伴，可以超越名利，放松身心，增进健康。

（三）开展低碳行动

低碳减排不仅是国家的事，而且关系到我们每个人的日常生活，只要每一位公民都积极行动起来，选择低碳生活，开展低碳行动，控制全球变暖，扭转气候变化，就有可能成为现实。那么，我们应该如何开展行动呢？

一是少吃肉类。因为世界上一半以上的农作物都用来喂养动物，而不是人类。联合国粮农组织 2006 年底在《牲畜的巨大阴影：环境问题与选择》报告中指出：饲养牲畜（为了肉、奶、皮革等等）产生了 18% 的温室气体。可见，少吃肉类可以减少温室气体的排放，有助于我们的身体健康。

二是戒烟戒酒。吸烟不仅有害健康，而且生产香烟还要消耗能源。《全民节能减排实用手册》指出，1 天少抽 1 支烟，每人每年可节能约 0. 14 千克标准煤，相应减排二氧化碳 0. 37 千克。如果全国 3. 5 亿烟民都这么做，那么每年可减排二氧化碳 13 万吨。在夏季的 3 个月里每月少喝 1 瓶啤酒，1 年可节能约 0. 23 千克标准煤，相应减排二氧化碳0.6千克。从全国范围看，每年可减排二氧化碳78万吨。

三是少开车、骑单车、多步行。每消耗一公升汽油就会产生2.25千克二氧化碳。如果每月少开一天，每车每年可节油约44升，相应减排二氧化碳98千克；如果全国1248万辆私人轿车的车主都做到，每年可节油约5.54亿升，减排二氧化碳122万吨。

四是节约电能。生产电能需要燃烧大量的煤炭。而生活中很多电能是可以节约的，例如：养成在家随手关灯的好习惯，每户每年可节电约4.9度，相应减排二氧化碳4.7千克；如果全国3.9亿户家庭都能做到，那么每年可节电约19.6亿度，减排二氧化碳188万吨。还可以通过使用节能灯泡，随时关灯，休息时关闭电脑，把空调温度调到26度等措施节约电能。

五是种树。绿色植物能吸收二氧化碳，产生氧气，净化空气。1棵树1年可吸收二氧化碳18.3千克，相当于减少了等量二氧化碳的排放。如果全国3.9亿户家庭每年都栽种1棵树，那么每年可多吸收二氧化碳734万吨。

六是节俭购物。虽然逛街购物不会产生温室气体，但为了生产物品，需要消耗大量的电能、石油，还会排放废气、废水污染环境。因此，应提倡厉行节约，适度消费，减少不必要的浪费。

七是节约水资源。根据世界权威机构研究，中国水资源量在世界排第110位（按149个国家统计，统一采用联合国1990年人口统计结果），已经被联合国列为13个贫水国家之一。据研究，我国各流域都不同程度地存在缺水问题。水资源短缺已经成为21世纪制约我国经济发展的重要因素之一。① 因此，十八大报告中特别强调，要加强水源地保护和用水总量管理，推进水循环利用，建设节水型社会。在日常生活中，可以选择使用感应节水龙头，可比手动水龙头节水30%

① 中国水资源短缺地域差异研究：《自然资源学报》，2001年第6期。

左右，每户每年可因此节能 9. 6 千克标准煤，相应减排二氧化碳 24. 8 千克。如果全国每年 200 万户家庭更换水龙头时都选用节水龙头，那么可节能 2 万吨标准煤，减排二氧化碳 5 万吨。此外，随手关闭水龙头，节约洗澡用水，尝试循环用水等都可以节约水资源。

八是少用塑料袋。少生产 1 个塑料袋能节能约 0. 04 克标准煤，相应减排二氧化碳 0. 1 克。但由于塑料袋日常用量极大，如果全国减少 10% 的塑料袋使用量，那么每年可以节能约 1. 2 万吨标准煤，减排二氧化碳 3. 1 万吨。

九是节约纸张。造纸业一向是污染严重的大户，生产过程中会排放大量废气、废水。因此，可以选择用手帕擦手、擦汗，纸张双面打印、复印，用电子书代替印刷书等方式来节约纸张。

十是节约粮食。食物从生产、运输到煮熟，不仅花费很多的人力、物力、时间，而且会使用很多资源。因此，少浪费 0. 5 千克粮食（以水稻为例），就可节能约 0. 18 千克标准煤，相应减排二氧化碳 0. 47 千克。如果全国平均每人每年减少粮食浪费 0. 5 千克，每年可节能约 24. 1 万吨标准煤，减排二氧化碳 61. 2 万吨。况且，世界上很多人没有解决温饱问题，世界上每 5 秒钟就会有一个儿童死于饥饿。联合国统计，2009 年全球有 10 亿人在饥饿中睡觉，创历史最高水平。所以，在家吃饭可以选择吃素食，和朋友在外面吃饭，可以倡导“光盘运动”，少点菜，将剩菜打包带回家。

总之，我国要实现全面建成小康社会的宏伟目标，促进人与自然、人与社会的和谐发展，就要处理好人口、资源、环境和发展之间的关系，更加自觉地珍爱自然，更加积极地保护生态，给自然留下更多修复空间，给农业留下更多良田，给子孙后代留下天蓝、地绿、水净的美好家园。

人类善待自然，就是善待自己；人类保护环境，就是造福子孙。人类所追求的幸福生活不只在于丰衣足食，也在于碧水蓝天。让我们爱护环境，保护地球，用双手共同撑起一片蔚蓝的天空！